让每个生命同样精彩

一位启聪教师的研究与思考

李敬梅 / 著

东北师范大学出版社

长 春

图书在版编目（CIP）数据

让每个生命同样精彩：一位启聪教师的研究与思考 /
李敬梅著. — 长春：东北师范大学出版社，2023.3
ISBN 978-7-5771-0149-1

Ⅰ. ①让… Ⅱ. ①李… Ⅲ. ①特殊教育—教育研究
Ⅳ. ①G76

中国国家版本馆CIP数据核字（2023）第050519号

□责任编辑：石纯生　　　　　　　□封面设计：言之凿
□责任校对：刘彦妮　张小娅　　　□责任印制：许　冰

东北师范大学出版社出版发行
长春净月经济开发区金宝街 118 号（邮政编码：130117）
电话：0431-84568023
网址：http：// www.nenup.com
北京言之凿文化发展有限公司设计部制版
北京政采印刷服务有限公司印装
北京市中关村科技园区通州园金桥科技产业基地环科中路 17 号（邮编：101102）
2023年3月第1版　　2023年8月第1次印刷
幅面尺寸：170mm×240mm　印张：16　字数：232千

定价：58.00元

作者：朱文勇

客家风情 庚子年画

作者：朱文勇

作者：朱文勇

作者：朱文勇

目 录

第一章　教学风格与个人成长

第二章　课题研究及教学实践案例

第三章 研修纪实

个人成长

教学风格与

第一节　名师成长档案

用特别的情怀润泽特别的天使

一、一片丹心献特教

我来自有客家古邑东江之源美誉的粤北山区小城——河源市，是土生土长的客家人。勤劳淳朴、热情好客的客家民风，温润柔情、美丽如画的万绿之都，孕育了我诚实做人、实干做事的个性，滋养着我对家乡那份深深的热爱与依恋之情。

我的爷爷是一位小学校长，老一辈语文教师。受爷爷的影响，我小时候最喜欢窝在爷爷的书房，津津有味地读《西游记》《红楼梦》等连环画。对连环画，我总是爱不释手。上了初中，我深深爱上了席慕蓉、汪国真、泰戈尔、托尔斯泰，我还喜欢看爷爷订阅的教育杂志，甚至将一些教学方法摘抄在读书笔记里。那时我有一个愿望：做一位受学生喜爱的好老师。1995年，中招填报志愿，站在人生的十字路口，我毫不犹豫地选择了"中师特殊教育专业"。老师问我："你知道特教是做什么的吗？特教就是教残疾小孩的，你可要想清楚。"我说："残疾孩子很可怜，需要更多的人去关爱。我就选择这个专业了。"家人叫我慎重考虑，怕我难以适应以后的工作环境。亲戚们也劝说："老让这些残疾孩子围着你转，干一辈子也不可能桃李满天下，何苦呢？"但我依然坚持自己的选择。

当我怀着满腔热情，踏上工作岗位，面对一群有耳听不到声音、有口不会说话的听障孩子，面对他们有点儿胆怯又好奇的目光，面对家长噙满泪水、饱含心酸和期盼的双眼，我选择特殊教育的信念更加坚定了。工作那年，我只有19岁，而班上学生最大的15岁，最小的才6岁。开班之初，学校没有特殊教育的教材和其他教学资料，也没有专家指导，为了不辜负学校的重托和听障孩子的期望，我全身心地投入到工作中，经常利用双休日独自一人自费到惠州、广州、番禺等地的兄弟学校参观学习，和兄弟学校的领导、老师交流；每次外出都自费带回许多特殊教育专业方面的书籍、音像资料，还有教材及配套的教具和学习资料。我不断摸索听障孩子的教育教学方法，提高自己的教育教学水平。听障儿童的教育需要学校与家长的共同关注。因此，我主动订购《中国手语》《聋童早期康复教育》《聋儿家长必读》等书籍送给家长，让家长一起参与到对孩子的教育中来。

时光匆匆，许多事随着岁月的流逝被渐渐淡忘，但有一个场景却让我铭记至今。那是初为人师，新生报名时，一位家长握住我的双手，流着泪说："李老师，我家哑古就拜托您了！为了他，我们四处求医花光了所有积蓄还欠下一大笔债。孩子慢慢长大了，我们真不知怎样和他沟通，更不知如何去教他。希望他能跟老师学点知识，将来我们老了，不在了，他能独立生活，这样我们就放心了。"这是大多数家长的心声，教育一个孩子，就拯救了一个家庭。因为责任和爱，我谢绝了几次工作调动的机会；因为责任和爱，我对特教永怀激情；因为负责和热爱，我得到了孩子们的信任与拥戴。做自己喜欢的工作，是一种享受，也是一种幸福！对特教，我有一份难于割舍的情怀。山区残疾儿童的家庭，大多经济困难，为了让孩子不至于因贫辍学，20年来，我向社会热心企业化缘，拉赞助，共争取到50多万元助学金，解决了30多个残疾孩子上学难的问题。

二、巧引源头活水来

"问渠那得清如许，为有源头活水来。"学习，就是河之源头，让我不断进步，让我富有活力。回首任教生涯的第一节语文公开课，我像许多年轻老师那样，扛着新课程改革的大旗，追赶着所谓的时髦。为了上好《荷花》那节公开课，我煞费心机，做了许多美丽的荷花头饰。课上，我让孩子们画荷花、赏荷花、演荷花，真是热闹非凡。当时，我自认为自己发挥了听障学生视觉认知的优势，也认为这节课将是一节成功的课。可是一节课下来，孩子们对课文却既读不通，更写不顺。我忽然意识到这样的课堂并不可取。2007年，那一次全国听障语文教师培训，聋校语文教材主编季佩玉老师"以口语为主、多种沟通方式并存"的理念让我找到了聋生语文教学的方向。聋生要融入社会，最重要的沟通手段不是手语，更不可能是清晰的口语，而是书面语。从此，我开始了"强化口语、说写并举"的教学实践研究。

四年后，我再次聆听季校长的讲学，当时他已80岁高龄。那天听完课，我便迫不及待地把自己的一份课题申报书呈给季校长请其指导。第二天早上，他老人家早早地来到教室，我也去得很早，希望在课前得到先生的指点。季校长亲切地把我叫到身边，戴上眼镜，拿出放大镜在文稿上细细地向我讲解，帮我厘清了几个模糊的概念，细化了研究的路径，稿件上有多处他亲笔修改的字迹。从此，一个弯腰躬身，一手拿笔，一手持放大镜，向一个年轻老师讲解研究方向的可亲可敬的老一辈特教人形象印在了我的脑海里。他深深地感动了我，影响了我。我希望自己可以成为一名像季老先生一样，对特殊教育教学改革有真知灼见，能引领青年教师专业成长，有着足够丰富的教育理论和精湛的教学水平，培育孩子们成长成才的特教老师。

和季校长交谈

还有一次让我触动颇深的就是参加贵州遵义"全国语文教学研讨会"，我有幸观摩了黄厚江老师执教的《我的叔叔于勒》，聆听了吴桐祯老师的"三遍阅读法"。师者之风，引我前行。此次研讨会让我更加坚信：语文教学就是踏踏实实开展听、说、读、写实践，实实在在提高学生的语文素养，那些五花八门的教学形式，即便外表再漂亮、气氛再热闹，如果脱离了学科本身，也会是悬在空气中虚无缥缈的东西。语文教学应删繁就简，返璞归真。简约是最终的成熟。

真正让我的教学思想成熟起来的是"百千万人才培养工程初中名教师"培养项目的学习。在学习期间，我不但聆听了许多名家讲座，观摩了许多名师优秀的课例，还参加了许多场论坛及沙龙，得到了导师的指点、同伴的帮助。见贤思齐，在名师荟萃的百千万队伍中，我认识到了自己的不足之处。我如饥似渴地认真研读王荣生的《阅读教学设计的要诀》、黄厚江的《语文的原点》、余映潮的《这样教语文》等名家著作。学习，让我的大脑思维"打开了几扇窗户"，对自己有了新的认识和规划。我开始思考我的教学风格、我的教学追求，并努力地运用到课堂中去。我把每节课当作公开课来上，主动邀请科组老师、市教学名师来听课、议课、磨课。我积极参加各类教学比赛，以比赛促进教学水平的提升。为了上好一节比赛课，我甚至会修改20多次教学设计。功夫不负有心人，我执教的课例获得"一师一优课 一课一名师"省级优课、广东省特殊教育课堂教学大赛一等奖、全国听障语文教学二等奖等殊荣。

三、潜心教研助发展

家乡的一方热土，培育了我执着坚忍的品性。在20年的教学生涯中，我始终致力于特殊教育教学改革，做河源特殊教育课程改革的领航人。工作之初，我对班上听障、智障、视障、脑瘫、自闭等几类儿童一起授课，用的是普校"丁氏版"语文教材。对于课堂教学我根本无从下手，视障学生静坐在教室呆呆地望着你，听障学生一脸茫然，多动症的智障孩子一会儿在地上打滚儿，一会儿又冲出教室，自闭症孩子沉浸在自己的世界里，拿着笔不停地在练习本上来回画着。就这样过了一个星期，每天下班走在回家路上，我的眼在流泪，心在滴血。不行，特殊教育不能是普通教育的简单复制，按年龄编班集体授课的教学模式显然是行不通的，必须找到一条出路！科班出身的我，看到学校教学的问题所在，首次提出并实施了"分类施教，分层推进"的教学改革。我把学生按启智、启聪残疾类别进行编班，在班里根据学生的学习水平进行分层，以全国统编的人教版培智学校教材为蓝本进行授课，教学效果总算有了提高。经过多年的探索和学习，我不断地在实践中修正和总结，在平时工作中多了一份投入，多了一点执着，多了一些反思，遇到困惑，便向同行、专家请教，相互探讨，教学质量有了很大的提升。

"分类施教，分层推进"的教学改革虽然取得了不错的成绩，但是随着特殊教育的发展，特殊教育学校的对象发生了重大变化，多重、重度残疾学生越来越多，现行的培智教材显得过于繁难与陈旧，不适合学生学习。分科教学侧重知识的传授，而特殊学生对知识的迁移能力较差，不能把知识运用于生活当中。教学必须由以学科为中心转向以学生为中心，关注学生个体的生活与成长。基于此，2014年开始，我在培智部进行了"以生活为核心的个别化主题教学"尝试，以培养学生解决生活问题为目标，打破单一学科教学界限，进行主题整合式教学，大力开发主题教学资源，探究个别化教学模式，为每个学生量身定制个别化教育方案。我申报了《智障学生社会性发展的个性化教学研究》省级课题。以生活为核心的个别化主题教学针对性强，强调知识来源于生活、运用于生活，做到尊重学生个性发展，最终，每个学生都有了不同程度的进步，解决问题的能力得到了快速提升。但是整合式主题教学知识不成系统，比较零散，呈碎片式，高功能的学生出现了"吃不饱"的现象。

2017年，我在钻研《培智学校义务教育课程标准》的基础上，结合学校实际，带着教研组进行国家课程校本化、生本化研究。研究依然以生活为核心，从"沟通交流""艺术与创造""科学与探索""身体发展""个人与社会"五大领域，"个人""家庭""学校""社区""家乡""祖国""世界"七大主题构建培智生本课程体系，开发生活语文、生活数学、生活适应、劳动技能、唱游与律动、运动与保健主题单元校本课程，建设绘本阅读、艺术休闲、特殊奥林匹克运动、学生工作坊、职业教育等特色校本课程。我们还成功申报了广东省特殊教育重点课题《培智学校生本课程开发研究》。我们的生本课程体系适应了学生的发展需求，学生的进步得到了家长、社会的认可，省内外兄弟学校也慕名前来学习。

此外，我还先后进行了《聋生"医教结合强化口语说写并举"语文教学模式研究》《山区特殊教育学校职业教育生态课程开发》《聋校绘本阅读教学策略研究》等课题研究。2007年，我国《聋校义务教育课程设置实验方案》中增设了"沟通与交往"科目。可见，培养聋生的沟通与交往能力已经成为聋校教学的重要任务。然而在实际教学中，"沟通与交往"科目却存在着无本可依的困境。于是，我带领教研组开发"沟通与交往"校本课程，编写相应的校本教材共12册，该教材荣获广东省特殊教育课程建设成果一等奖。在校本教材研究编印期间，我放弃了无数寒暑假、节假日的休息时间，通宵达旦地工作，甚至曾连续工作达32个小时。生活就像海洋，只有意志坚强的人才能到达彼岸。

研究让我的教育视野更加开阔，工作思路更加清晰，在成就学生、发展学校的同时，我自己的"羽翼"也变得丰满，我想写点东西的欲望也越来越强烈。暑假，我除了照顾孩子，主业就是写论文。2016年，我在《现代特殊教育》专业期刊发表了《聋校"沟通与交往"校本教材的开发与设计思路》，该论文获河源市教师论文评审一等奖；2017年，我在《中学语文》发表《用客家方言激发聋生学习古诗文的兴趣》，该论文获河源市教师论文评比一等奖；2018年，我在《新作文·中小学教学研究》发表《给听障儿童一堂"清简温润"的语文课》教学反思；2020年7月，我在《现代特殊教育》专业期刊发表论文《国家课程校本化实施的实践与探究——以广东省河源市博爱学校生本课程建设为例》等文章。

四、示范带学共成长

"一枝独秀不是春，百花齐放春满园。"2016年，我被河源市教育局聘为河源市特殊教育指导中心办公室主任、河源市特殊教育首席教师。2018年4月，我成立了广东省特殊教育名教师工作室。我除了做好自己的教学工作，处理好学校繁重的行政事务，还肩负着指导、引领、带动全市特校教师以及工作室成员、学员成长的重任。近几年，我每年到龙川、连平、和平、紫金、东源各县送课、听课、评课，每年最少组织两次全市特殊教育学校教师教学研究活动。2017年冬，我怀着六个月身孕在重感冒的情况下连续两个星期奔走于县区特校之间送课，一个高龄孕妇早上6：00出门，晚上9：00多才拖着疲惫的身体回到家。同事都说我是"拼命三郎"，说我身上总有用之不竭的能量，说我总是想竭尽全力地满足他人的需求。在我看来，这是一种责任。做自己能做的事，做自己该做的事，做别人认为可以不做而有益于他人的事，做就要做到最好。特殊学生个体差异大，外校上课有许多不可预测的因素，对于同一个教学内容，不同的学生适合的教学设计也许完全不同。外校讲课激发了我教学艺术的灵感，磨炼了我的教学基本功，挑战了我的身体极限。我曾到杭州聋人学校、惠州特殊学校、韶关特殊教育学校上示范课。在成就他人的同时，我的教学风格也日渐成型，我的教学主张得到了推广。

同事这样评价我："李老师是一个孜孜不倦、刻苦钻研、敬业爱岗、精通业务、有极高专业素养的老师。她慕求真理，总在探索更适合学生学习的教学模式；她谦虚谨慎、精益求精、追求完美，是老师们学习的楷模。"

第二节　学科教育观

有爱无碍、有教无类、教育康复、融合发展

——我的教育观

"有爱无碍、有教无类、教育康复、融合发展"是我一直秉承的教育观。

有爱无碍：著名的教育家马卡连柯说过："爱是教育的基础，没有爱就没有教育。"爱是特殊教育永恒的主题，因为对特教有爱，对残疾孩子有爱，我们才有坚守，才有激情，才能走进特殊孩子的心灵，才能迸发思想的火花，才能开发智慧的源泉，才能在面对特殊儿童学习的不确定性、反复性时不放弃。

有教无类：特殊学生的残疾程度不同，认知、适应等各方面的能力都存在较大的个体差异。这就决定了特教课堂必须尊重学生的个性发展，采用个别化教育模式。我们对每个学生进行专业的课程评估，设计并实施适合每个学生的个别化教育方案，只有这样才能让每个学生得到最大限度的发展。

教育康复：对特殊学生实施教育，除了传道、授业、解惑，还有重要的任务就是进行身体康复、缺陷补偿、潜能开发。教育康复是每一位特教工作者共同的职责和使命。

融合发展：近年来，我国大力提倡融合教育。特殊学生要在限制尽可能少的环境中学习，我们要尽可能给他们提供真实的生活情境去学习，为他们融入

主流社会打下坚实基础。融合发展，即将特殊学生安置在教育、环境、社会生活的主流内，针对他们不同的特质给每个学生设定不同的学习目标，以合作小组及同学间的学习、合作达到完全包含这些特质的策略和目的。所以不管普通学生还是特殊学生都因其不同特质有不同的学习目标，分数不是唯一的指针，适才适能的快乐学习才是判断标准。

第三节　教学风格

清·简·温·润

——我的粤派教学风格

清，即清朗，课堂上一个个教学环节犹如一颗颗珍珠，总有一根线把它串起来。清朗的课堂犹如缓缓流淌的东江之水，给人以明丽之感。

简，即简约，教学目标不贪多求全，讲究一课一得，得得相连。教学手段灵活而不花哨，这正符合客家人憨实的品性：从不喜欢华而不实的东西。简约的课堂给人以扎实成熟之感。

温，即温情，课堂上教师始终饱含温情，尊重学生的阅读体验，追求师生间、学生间和谐共生。这是客家人的待人之道：一视同仁，充满热情。温情的课堂能培养孩子的自信，激活孩子的思维。

润，即润泽，尊重学生的个性发展，不追求同步，不强调唯一，以文育人，润物无声。正如万绿湖那一湖充满生机的绿，润泽的课堂给人以鲜活之感。

一、"清·简·温·润"的课堂关注教学语言的呈现

（一）温暖亲切的体态语

听障儿童靠双眼去学习、去认识世界。教师的一举手一投足、一颦一笑皆为教学语言。因此，在课堂上我会给学生展现一个亲切和蔼的我、一个热情积

极的我、一个简单快乐的我。微笑、竖大拇指、与学生击掌、拍手称赞、拥抱鼓励，这些都是我常用的课堂语言；低下身来，侧过耳去，走到学生中间，与前后左右的学生一起说、一起看，是我常有的表现。唯有这样，学生才能从教师的脸上读出爱与欣赏；学生的学习积极性才能被调动起来，学生的思维才能被激活；师生间才能产生教与学的快乐。一个学生曾这样写道："我的语文老师和别的老师不同，不看重职位，她热情大方，愿意和学生互动，和学生非常亲近。她工作非常忙，但始终上好每一节课，给我们传授知识，显而易见，我们在她心目中是很重要的。"

（二）语句完整的书面语

"依文学语，以语导文"是听障学生学习语言的特点。"依文学语"就是依靠书面语学习口语。"以语导文"就是以口语为主导，使听障学生形成有声语言思维，让听障学生更好地掌握书面语言。因此，我特别注重强化听障学生的口语表达习惯，不遗余力地提高他们的书面语表达能力。课堂上，我对于学生学习的内容，尽可能用大字呈现课文，这样才可以依文提问、依文思考、依文讨论，才能指导学生圈点勾画，批注阅读。不少聋校教师的语文课仅用PPT展现课文片段，这是不可取的。聋生不具备看、听、写协调的能力，教师在讲授过程中不断地进行幻灯片切换，学生的视觉无法顾及也无法在同一时间接受多方位信息，所以这种教学只是在"捉迷藏"，无法达到理想的教学效果。教师的板书是聋生学习书面语的一个渠道，不少教师的板书只是用关键词提示课文的结构、内容提要，如此一来展现给学生的便是碎片式的语言，不利于指导学生阅读，也不利于学生书面语能力的提高。因此，聋校教师的板书必须语句完整。

（三）简明清晰的口语

聋校的教师肩负着培养学生看话能力的重任，教师的课堂口语应该简单而清晰。有些聋校教师上课口若悬河，妙语如珠，殊不知他的语言超过了聋生能够接受的范围，学生看得云里雾里，根本无法正确地接受教学语言传递的信息，这样便严重影响教学效果。

（四）口语、手语、书面语的正确对译

聋校的课堂存在师生间的沟通障碍，这严重影响了知识的传授和接收。究其原因，其中一点就是口语、手语和书面语的不统一。比如，聋校第六册语文《一只小羊羔》中有一个词语"打听"，有的老师呈现给学生的手语是"打"和"听"，老师一个字一个字地打手势，学生便会理解成打架、听声音，意思完全错误。"打听"是询问的意思，手语应该翻译成询问。这样才能实现口语、手语、书面语的完全对译。像这样的例子有很多，如"上车""打滚"等，使用手语读课文应重在表意，以手语、口语和书面语构成综合语言。

聋校语文教师的课堂语言，必须以激发学生的学习热情、帮助他们读懂课文内容为出发点和归宿，要紧扣教材。如果教学语言脱离了教材，对聋生读懂课文无益，就不是教学语言。

二、"清·简·温·润"的课堂尊重学生的个体差异

（一）制订个别化教育计划

听障学生由于听力损失程度不同，认知、思维也存在很大的个体差异。每接到一个新班级，我首先要做的一件事就是对学生进行课程评量。维果斯基的"最近发展区理论"认为学生的发展有两种水平，一种是学生现有水平，一种是学生可能的发展水平，两者之间的差异就是最近发展区。教学应该着眼于学生的最近发展区。通过课程评量，我可以了解每个学生的认知、沟通、言语水平如何，找准每一个学生的最近发展区，依此为学生量身定制个别化教学方案，在教学目标、教学内容、课堂实施、课后作业、考评几个环节中实施个别化教育。

（二）变"教教材"为"用教材"

在聋校，任何一本教材，都无法满足每一个学生的需求。在教学内容的处理上，我针对孩子的实际情况，变"教教材"为"用教材"，对语文课程进行加深、加广、重整、简化、减量、分解、替代。例如，全日制聋校语文教材第二册《教室》，课文内容严重落后于社会现实的发展，为此，我增加了"电脑""多媒体教学平台""电子白板"这些词汇让学生学习。在句子教学上，

不仅仅是教授"哪里有什么"这个句式，还增加了对"谁用什么做什么"句式的教授。对认知能力较差、难以理解长句的孩子，我会删去句子的修饰语，抓住句子的核心成分，把内容简化，如在学习《小燕子》一课时，"我将一身乌黑光亮的羽毛，一对俊俏轻快的翅膀，加上剪刀似的尾巴，凑成了活泼机灵的小燕子"，简化为"燕子有乌黑的羽毛，它的尾巴像剪刀"。这样就便于学生理解掌握了。

（三）尊重学生的阅读体验

对于学习能力较强的中学生，我会根据课文设计一些开放性的问题，让他们在语文的百花园里展开想象的翅膀。例如，《卖油翁》中"陈康肃公为什么笑？"《秋天的怀念》中"黄色的花淡雅、白色的花高洁、紫红色的花热烈而深沉，泼泼洒洒，秋风中正开得烂漫"这句话只写花吗？结合作者及自己的人生际遇，谈谈你的理解。一石击起千层浪，学生的思维被激发，随着问题探究的深入，课堂上总能产生知识的生成点，我循循善诱，认真倾听并注重生生之间、师生之间的和谐共生。学生的阅读理解能力、语言组织能力都不相同，我从不追求唯一的标准答案。学生曾这样表白："我们非常喜欢上李老师的语文课，因为她上课非常生动，我们的思维始终能处于活跃状态。"

"清·简·温·润"的课堂绝不落下任何一个学生，让每一个学生都学有所获，每一个学生都被尊重、被赏识。

三、"清·简·温·润"的课堂注重语文生活化

生活处处是语文。"清·简·温·润"的语文课不局限于教室里的学习，还渗透在生活的方方面面，让语文从生活中来再运用到生活中去。

（一）笔谈——特殊的作业

我的学生都有一本特殊的作业本，叫作"笔谈本"。平日里，在师生间的聊天过程中，学生会随手拿起笔谈本把想说的话表达出来，而我也会把我们聊天的内容记在笔谈本上。这样做的目的是提升学生的书面语沟通能力，让学生能更好地融入社会，提高生活质量。

（二）在综合实践活动中学习语言

每次活动课也是我们的语文课。活动前，我会制作并带上很多词语、句子卡片，让学生在真实的场景中学习语言、积累语言。这种学习方法比教师在课堂上讲解更容易让学生理解，能达到事半功倍的效果。

（三）开发"沟通与交往"生活化校本课程

为更好地发展聋生语言能力，我主持研究开发了"沟通与交往"生活化校本教材，为聋生提供系统的学习沟通知识、技能的文本。教材内容编排以学生人际交往发展的沟通应用为本位，分家庭、学校、社区（社会）、家乡、祖国五大领域，而人际交往环境、人际交往活动、人际关系、交往礼仪等是存在于这五大领域中的。每个领域有若干个主题，如家庭领域有"我的家人""做家务""家庭活动""到亲戚家做客""招待长辈"等主题单元。按交流和传递信息的方式，我将沟通表达分为手语沟通、口语沟通、书面语沟通、现代信息沟通四类。教材编入微信、QQ、电子邮件、短信交流、电子购票等现代生活沟通元素。

在教材编写素材的选取和情境对话练习内容的编排上，我们尽量选取学生日常生活中能见到、交际中常遇到的场景。这样，学生对教材有亲切感，就会爱学、乐学。

语文指向学生生命的远方。我希望自己的语文课能给学生带来语言的发展、智慧的启迪，让处于无声世界的学生感受到爱与尊重，让他们的自由精神尽情地舒展与绽放！不少学生这样说道："我们的李老师非常喜欢语文，也喜欢给学生上语文课，也能让许多学生喜欢上语文，并带领我们去感受语文的独特魅力。她希望我们爱上文学。她是我们最敬爱的语文老师，我们爱我们的李老师。"

第四节　育人故事

坚守山区特校　谱写爱的箴言

选择了特殊教育，就选择了无尽的付出。在与学生朝夕相处的20个春秋里，这群折翼的天使已成为我生命中重要的一部分。我总是把学生当作自己的孩子一样关心、呵护和精心照顾着。天冷了，我会叮嘱学生多穿衣服；换季时，我会叮嘱学生多喝水；学生病了，我会及时送他们到医院就诊，垫付医药费，亲自在医院照顾他们。我会从学习、思想、身体、生活上全面关心每一个学生，时时处处做学生的贴心人。

我们班的小兰同学自卑心理特别强，性格内向。一个星期六的傍晚6时左右，小兰妈妈给我打电话说小兰不见了，我立刻放下刚端到手上的饭碗，打电话联系所有的同学，但他们都没有小兰的下落。当时，我心急如焚，不顾外面下着倾盆大雨，撑着伞和小兰的父母一起四处寻找。找了将近4个小时，最后在公园的一个角落，我们找到了她。当时，我顾不得小兰全身湿透一把抱起了她呜呜地哭起来，而小兰却用手语说：“反正我是个哑巴，是一个没用的人，你们别理我了。”看到小兰执意不肯回家。我站在雨中哽咽着用手语跟她讲张海迪顽强拼搏的精神，讲海伦凯勒的故事。经过我的苦苦劝说，小兰终于同意回家了。为了培养小兰的自信心，我选她做班长，提供机会让她上台演出，使她看到自己的闪光点，慢慢地帮她树立了生活的信心。在我的细心关爱下，小兰慢慢变成了一个活泼开朗、积极进取的女孩子。后来经过努力，她考上了重点高中，毕业后也找到了理想的工作。

20世纪90年代，山区特校办学条件简陋，那时我给听障学生上语训课，只能凭一张嘴，从口型、舌操、呼吸、基本发音、看话、听音开始训练，采用各种特殊手段引导聋生用视觉观察老师说话的口型，运用触觉，从声带振动的差异比较找到发音部位，模仿声音。每教会学生一个音、一个词都要经过无数次强化训练。虽然每天都是在含混与清晰、嘶哑与喊叫的情境中教学，我却忘我地沉醉在这个奇特的世界里。经过训练，原本不会说话的罗剑峰同学较为清楚地说出了"我爱妈妈！"，还喷了我一脸的口水，可是我顾不上擦，连忙伸出大拇指表扬道："好，真好！"这可是世界上最美妙的声音啊！我激动地把孩子抱起来，像个孩子那样欢呼着。为了让学生的语言能力有更好的发展，周末我会义务到学生家里，帮他们进行口语康复训练。

在那个艰苦的岁月里，我是一名全科教师，包揽了语文、语训、律动、品德学科教学。学校没有舞蹈室，排练节目只能在粗糙的操场上爬、滚、翻、跳。鞋子磨烂了，衣服磨破了，膝盖青一块、紫一块，我却乐在其中。2004年，全国助残日期间，学校要在会展中心举办专场演出，当时怀着身孕的我负责排练舞蹈，指挥演出。在排练中，我由于太劳累导致先兆流产。医生告诉我必须请假休息，可我心里惦念着将要上演的一场演出，在家躺了一天就去了学校。大幅度的运动让我出现了第二次先兆流产，这时家人坚决反对我继续工作，可我还是坚持留了下来。然而不幸的事情又发生了，因过度劳累我出现了第三次先兆流产，医生命令我必须卧床，否则会大出血，不但孩子保不住，而且大人会有生命危险。我流着泪告诉医生说："我不能休息呀，明天学校要演出，听障孩子在舞台上不能没有指挥呀。"医生严厉地说："还有什么比生命更重要的！"走出医院，我瞒着家人，又来到了学校。第二天一大早，我在医院打了一支保胎针就赶往演出现场指挥。看到这群学生在舞台上精彩的表演，看到自己创作的话剧《我要说话》深深地感动了观众，赢得了热烈的掌声，我一边流泪一边露出了幸福的微笑。

每一个梦想都值得灌溉，每一个孩子都应该被宠爱！在特殊教育岗位上，我找到了自己人生的价值！

第五节　对我影响最深的人

我的父亲母亲

这是个特别的日子——母亲节。兄弟姐妹都从工作地回到家中，给母亲庆祝节日。父母照例做了一桌子丰盛的菜肴，那盛满红酒的杯中，洋溢着和谐、幸福、美满。吃过晚饭后，一家人在喝茶聊天。爸爸说："在这个快乐的日子里，我要唱一首歌送给你们的妈妈。"说完，他清了清嗓子，很动情地唱了一首《母亲》。妈妈笑得合不拢嘴，我在一旁学着指挥家的样子，打起了拍子，姐姐拿出手机，拍下了这难忘的时刻。爸爸的歌声显然不及当年，气息不足，但唱得很投入、很动听。无数次听到这首歌，仿佛只有此刻才真正领会到了歌词的内涵和表达的意境。听着听着，我禁不住潸然泪下。

爸爸年轻时是名军人，为了爱情，他复员返乡和妈妈结婚。婚后他们在村里务农，虽然辛苦，日子过得却挺有滋味。爸爸使牛耙田、修田埂，妈妈平地插秧、除草割稻子，他们分工明确，日出而作，日落而归。妈妈待人和善，农忙时，乡里乡亲都会过来帮忙耕种抢收，他们有说有笑，田里洋溢着劳动的喜悦。爸爸开过窑厂，生意失败欠下债务，追债的人逼到家里，爸爸四处躲债。这样原本拮据的家庭便窘迫起来。家里穷得叮当响，揭不开锅。没有菜，妈妈带我和姐姐到很远的地方去捡地里的花生芽。辛辛苦苦捡了小半筐，回来时正好遇上暴风雨，台风把花生芽吹走了，我们跌跌撞撞地回到家，全身上下湿淋淋的。有一回，隔壁小凤的婆婆给了我两个酱蒜，我舍不得吃，像获得宝贝似的飞奔回家，交给妈妈，妈妈剥开做一家人的菜。妈妈摸摸我的头，怜爱地说："你真是懂事的孩子！"

爸爸是个神枪手。我的家里有一杆气枪，我偶尔跟爸爸出去打猎。有一次在山间遇到一只野兔正在觅食，爸爸端起枪，扣动扳机，砰的一声，野兔倒在地上，我便上前去捡。一只兔子，成了一家人好几天的美餐。妈妈总是把肉夹到我们碗里，自己舍不得吃一口。

在我的脑海里烙印着两幅图画：一幅是在一条河堤上，河水没过小腿肚。父亲背着儿子，手里拉着大女儿，母亲背着小女儿，手里拉着二女儿，他们小心翼翼地过河。父母总要用水打湿弟弟妹妹的脚，边走边说："孩子，不用怕，我们过河了，河神保佑我们！"这是去外婆家的近路，逢年过节，我们都要走这条水路，寂静的河水也因我们的到来而变得灵动。另一幅画是一辆很大的自行车，父亲载着一家人去赶集。姐姐和我坐在前面，妈妈坐在后面手里抱着弟弟，背上背着小妹，一路上一家人嘻嘻哈哈，说着笑着。

上小学一年级，母亲接替奶奶的班，成了镇上集体企业搬运站的工人，我们家也搬到了镇上。爸妈除了做搬运工，还很努力地做小买卖，每星期一四七、二三五六分别到不同的镇上去赶集做买卖。他们就是这样，为生计四处奔忙。遇上生意好的时候，父母就买回两个苹果，一次吃一个，一个苹果平均分成6份，一家六口人，每人一小块。母亲很爱孩子，从不偏袒。放学回来，菜分好四份，每人一份。每到冬天，天气寒冷，放学回家母亲就倒两盆热水给我们暖手脚，等身子暖和了才吃饭。她很慈爱，从不打骂我们，最生气时也就是叹口气，过后就苦口婆心地对我们说："你们这样我很生气，很不高兴。"

父亲对我们很严格，我们都怕他，挨打是免不了的。小弟最调皮，犯了错，常常被父亲画个圈子罚站。每当这时，我们三姐妹都想着法子帮弟弟。有的做侦查员，监视爸爸的行动；有的做通讯员，负责通风报信。弟弟又闯了祸，被父亲罚站。等父亲走开了，我便拿张椅子给弟弟坐下。姐姐负责监视父亲的动向，父亲来了，姐姐就跟小妹使眼色，小妹向我通风报信，我撤走弟弟的椅子，弟弟马上站得笔直。我们总觉得事情做得天衣无缝。上学时间，父母是绝对不许我们看电视的。有一次，姐姐经受不住诱惑，晚上到邻居家看电视，父亲找到人，就严厉地说："自己找条竹鞭带回来。"姐姐只好乖乖地"负荆请罪"。我们兄妹四人只有我不怕父亲，因为我有办法对付他，我懂得察言观色。集市日子，父母很忙，日落收摊了，我便在家门迎接父母。当父亲哼着《智取威虎山》拉着四轮车回家时，我就向他提要求："爸爸，买个西瓜吃吃吧？"哈哈，这时父亲心情好，准会答应。当父亲对我生气，刚要举起手掌，我就冲着他呵呵笑两声，他无奈，说："你这个机灵鬼。"就把手掌放下了。我家有一条家规，孩子得早睡早起，不能赖床，假期也不例外。到了早上7：30还不起床，父亲就会在楼下大声喊："梅子、豆豆，还不起床。太阳晒屁股了！"这时我和姐姐就会赶紧从床上跳起来，帮忙干家务。

我们的童年，就在母亲的慈爱和父亲的严厉中度过的。时光在悄然流逝，它并不会因为你的幸福而流连，也不会因为你的艰难而快走。转眼间，我们一个个都长大了，外出求学，父母的牵挂也随着距离的遥远而加深。毕业后，我们都离开了家到外地工作，一家人只有假期或节日才偶尔相聚。人在异地，最开心的莫过于收到父母的家书。母亲总教育我们：兄弟姐妹要团结，女孩子要自强、自立、自爱。父亲教育我们要积极上进，要好好念书，努力工作，不要太计较个人得失，吃亏是福；要积极加入中国共产党，做一个光荣的中国共产党党员，严格要求自己，做个有出息的人。父母的叮嘱，我一直牢记在心。

一段回忆，让人永远感到温馨；一段里程，令人永远难忘；一些琐事，使人永远感动。父母的爱，犹如一缕新鲜的空气，在我的世界弥漫。岁月匆匆，却不知哪年哪月哪日，父母的额头上出现了皱纹，乌丝也变成了白发，身体远不如从前利索。如今打电话给妈妈，接通了，我总得缓一阵儿才说："喂，喂，喂，妈妈，妈妈，听到吗？我是梅子。"

"时光时光慢些吧，不要再让你变老了，我愿用我一切换你岁月长留。"父兮生我，母兮鞠我。拊我畜我，长我育我，顾我复我，出入腹我。多少次带着幸福的感觉进入梦乡，多少回含着感动的泪花畅想未来。拿什么来感谢你们？我挚爱的父亲母亲。

第六节　他人眼中的我

热情　敬业　和蔼　公正

——他人眼中的我

叶美浓（领导）：李老师是一位对特殊教育有着执着追求和深厚感情的好老师，她始终保持着高涨的工作热情，谦逊好学，勤奋向上，专心做教育，专心做教学研究，具有高度的事业心和责任感！她有一颗无比善良的心，孜孜不倦地教育残疾学生，从不落下一个学生。她就像一盏灯，照亮每一个学生、温暖每一个学生，她深受学生的爱戴及家长的认可。

王敏（同事）：李老师总是以饱满的热情、诚恳的态度投入教育教学工作。她尽职尽责，积极奉献，带病坚持工作。她经常深入学生当中，除了做好学科辅导外，还细致地了解学生，循循善诱、诲人不倦，与学生建立了民主平等和谐的师生关系。工作中，她谦虚谨慎、精益求精、追求完美。她精心备课，教学内容充实、丰富，做到因材施教，讲授清晰、表达准确，重点突出，难点、疑点处理恰当，课堂设计合理、节奏适度，培养了学生学习的兴趣，提高了学生学习的积极性和主动性，促进了学生的全面发展。

叶丽才（同事）：李老师对特殊教育有着深厚感情，她精通业务，敬业爱岗；她为人很正派，给人满满的正能量，是老师们的楷模；她团结同事、关心下属，没有领导的架子，老师们都喜欢和她谈心事。

梁怡笑（同事）：李老师是一个孜孜不倦、刻苦钻研并有很高专业素养的老师。从教十几年来，她爱生如子，注重对学生的身心缺陷和障碍的补偿性教育；她身先士卒，在任务繁重的教学第一线总能看到她的身影；她诲人不倦，总是竭尽全力地满足学生的求知欲望；她慕求真理，总在探索更适合学生学习的教学模式。

何婷（学生）：李老师是我们启聪九班的语文老师，也是学校的副校长。她非常喜欢语文，喜欢给学生上语文课，也能让许多学生喜欢上语文课，并带领我们去感受语文的独特魅力。李老师工作务实、教学有方，许多老师将她当作自己学习的榜样。她值得我们信任，如果我们遭到不公平待遇，她会帮我们讨回公道。她很守信用，哪怕再忙都不会"爽约"，自然获得我们的好感，赢得我们的尊敬。我们已经把她当作知心朋友了。

钟楷程（学生）：李老师是我最敬爱的语文老师。因为她和学生非常亲近。她工作非常忙，但始终上好每一节课，给我们传授知识，显而易见，我们在她心目中是很重要的。我们非常喜欢上她的课，因为她上课非常生动，课堂气氛很活跃，我们爱我们的语文老师。

蔡玉茹（学生）：我眼中的李老师讲课有趣，热情大方，愿意和学生互动。我喜欢李老师，李老师教学很厉害，让老师们崇拜。

郑燕玲（学生）：我们班的语文老师是一位和蔼可亲的老师，我们都尊敬她。她讲课很有趣，我们很喜欢上语文课，她的课同学们都会聚精会神地聆听。

温星宇（学生）：李老师最喜欢跟学生一起上课，她讲课很精彩，有很多好词好句。她希望我们爱上文学，我们都喜欢上语文课。

宋日玲（朋友）：我总能在敬梅身上感受到她的积极、阳光，乐观、向上，当遇到困难时，她总是微笑面对，努力克服。我还能从她身上感受到温暖善良，当朋友需要帮助，她总是毫不犹豫，竭力相助。她是我的好友更是我的良师，当同为教师的我遇到生活上、工作上的种种困扰时，她总能给予合适的建议，让我豁然开朗。

巫巧慈（朋友）：敬梅，一个善解人意、值得信赖的好朋友。她，敬业、爱岗，以负责的态度做好每一项工作；她，用心、有耐心，用爱心引领学生快乐成长；她，热忱、善良，以真诚对待身边的每一个人；她，从来不将烦恼挂在脸上，留给我们的一直是孩童般的笑容。

《草原》课堂教学实录

以人民教育出版社聋校《语文》实验教材九年级上册《草原》为例。

一、检查预习情况

师：同学们，昨天布置了预习作业——请同学们查找关于内蒙古草原的资料。现在老师想考考你们：内蒙古有许多著名的大草原，谁能说说有哪些著名的草原呢？

生1（手口并用）：呼伦贝尔草原、鄂尔多斯草原、科尔沁草原、锡林郭勒草原。

师：你是怎么知道的？

生1（手口并用）：上网查找的。

师：嗯，利用网络学习是一个好途径。

师：谁知道哪个草原最大？

生2（口语）：呼伦贝尔草原最大。

师：内蒙古草原上的人们有哪些习俗？

生3（手口并用）：我知道草原的人们有骑马、摔跤、喝奶茶、吃奶豆腐、唱歌、跳舞这些习俗。

师：你了解的真不少。你是怎么知道的？

生3：从电视上看的。

师：不错，从电视上获取知识，也是学习的途径。还有谁想说说你了解到的草原人的习俗？

生4（手口并用）：住蒙古包、吃手抓羊肉。

师：你是怎么了解到的？

生4：书上看到的。

师：很好，书是知识的海洋。喜爱看书的你一定很有智慧。谁还记得我们曾经学习过的关于草原的诗歌？

生齐：《敕勒歌》。

师：哦，《敕勒歌》同学们还记得吗？

生齐：记得。

师：我们一起背诵这首诗。请一名同学到黑板上默写出来。

生齐（口语）：敕勒川，阴山下，天似穹庐，笼盖四野。天苍苍，野茫茫，风吹草低见牛羊。

师：同学们记得真牢。下面我们跟着老舍先生，走进著名的呼伦贝尔大草原。

【设计意图】检查学生的学习情况，引导学生从不同渠道获取知识。课堂上注重强化口语，对口语发展较好的学生可不作手语要求。

二、整体把握课文结构

师：读了3遍课文的同学请举手。

（有4人举手）

师：读了2遍的同学请举手。

（有2人举手）

师：只读了1遍的同学请举手。

（有1人举手）

师：读了课文，你有什么感受、想法？

生1：大草原很美丽，我很向往。

生2：在大草原玩很开心，我想吃草原上的手抓羊肉。

生3：草原很美丽，牛羊成群，景色优美，令人陶醉。

生4：大草原风光优美，汉族人民和蒙古族人民心连心，团结在一起。

【设计意图】尊重学生的阅读体验，不追求唯一的答案。

师：（出示大字课文）同学们都分享了自己的感受。这篇课文的脉络非常清晰。谁知道课文有多少个自然段？应该怎样划分课文结构？

生：课文有5个自然段。分成3部分。

师：为什么这样划分？

生：第一部分为第1自然段，讲草原的风光美；第二部分为第2～3自然段，讲蒙古人们喜迎远客；第三部分为第4～5自然段，讲主客联欢。

师：还有不同意见的吗？

生：（略）

三、品读课文的优美语句，感受草原的风光美

师：在老舍先生的笔下，大草原就是一幅活的画。请同学们自由朗读第一自然段，感受草原的风光美，边读边画出你认为优美的语句，圈点勾画作批注。

PPT出示学习小锦囊

赏析精妙词语：解释词义（基本义+语境义）+作用（手法）+情感

批注模式：（   ）词用得好，这个词原来的意思是（   ），在这里是（   ）意思，生动细致地描写出某事物的（   ）特征（或样子），体现了（   ）思想感情。

赏析精妙句子：运用的方法+句子作用+语境意义+言外意义

品味美句，通常是从措辞表达、修辞手法、思想情感或蕴含哲理等角度入手，说出句子具体美在哪里。

修辞句：

（1）比喻句批注模式：这是个比喻句，把（   ）比作（   ），生动形象地表现了（   ）。

（2）拟人句批注模式：这是个拟人句，把（　　）拟人化，生动形象地把物写活了，使（　　）富有人情味。

（3）排比句批注模式：这是个排比句，运用排比，增强语言的气势，加强表达效果。

【设计意图】教给学生批注式阅读的方法，培养学生的阅读能力。

（生自由朗读，教师巡视）

师：读完第一段，你能用一个词来形容草原的风光或者你的心情吗？

生1：一碧千里。

生2：翠色欲流。

生3：如诗如画。

生4：令人陶醉。

生5：心旷神怡。

生6：美不胜收。

师：（指定一名学生到黑板前做小助手，把同学概括的词语板书出来）说得真好！我们把这些词语积累起来，写在词语积累本子上。

（生齐写词语。）

【设计意图】注重学生书面语的积累。

师：你最喜欢哪个句子？为什么？

生1：在天底下，一碧千里，而并不茫茫。"一碧千里"是说整个草原都是绿的，很辽阔，很美丽。（教师在大字课文上画出相应的句子）

生2："那些小丘的线条是那么柔美，就像只用绿色渲染，不用墨线勾勒的中国画那样，到处翠色欲流，轻轻流入云际。"这句话运用了比喻修辞方法，把草原比喻成一幅中国画。"翠色欲流"指青草很鲜嫩，好像在流动，让人感觉整个草原充满了生机，充满了希望。（教师在大字课文上画出相应的句子）

生3：我喜欢这句话，"四面都有小丘，平地是绿的，小丘也是绿的。羊群

让每个生命同样精彩
——一位启聪教师的研究与思考

一会儿上了小丘，一会儿又下来，走在哪里都像给无边的绿毯绣上了白色的大花"。这句话的比喻用得好，把草原比作绿毯，把羊群比作大花，很形象、很生动。（教师在大字课文上画出相应的句子）

师：同学们赏析句子的能力越来越强了。请你们把这几个句子优美地读一读。

师：老师也很喜欢这句话。请同学们看着课件，也像老舍先生一样，想象一下，羊群在草原上还可以比作什么？

师：（出示课件）羊群像什么？

生1：羊群像白色的大珍珠。

生2：羊群像白色的莲花。

师：哦，真好！那莲花开在哪里？

生3：开在碧绿的湖面上。

生4：羊群像点点白色的帆船。草原像碧绿的大海。

师：请同学们按照"羊群一会儿上了小丘，一会儿又下来，就像……"这个句型写句子。

（生到黑板上写句子，然后集体点评）

师：同学们的想象力真丰富！还有同学要分享你喜欢的句子吗？

生4：我喜欢这句"在这境界里，连骏马和大牛都有时候静立不动，好像回味着草原的无限乐趣"。这句话讲骏马和大牛都陶醉了，可见草原的美很有感染力。（教师在大字课文上画出相应的句子）

师：对啊，说得真好！你们想想，骏马和大牛在回味什么呢？

生5：回味草原的青草真甜美啊！

生6：在草原生活真自由啊！生活无忧无虑！

生7：草原的空气真清新啊！

师：优美生动的句子总能唤起人的联想！同学们，课文里有的句子直接表达了作者的心情，你能找出来吗？

生7："那里的天比别处的更可爱，空气是那么清新，天空是那么明朗，使

28

我总想高歌一曲，表达我满心的愉快。"在这境界里，既使人惊叹，又叫人舒服，既愿久立四望，又想坐下低吟一首奇丽的小诗。

师：其他同学的意见一样吗？

师：同学们，这么美的句子，我们再一起读一读吧。

【设计意图】课堂上说写结合，培养学生的想象力、写句能力和句子赏析能力。

四、学习景物描写的方法

师：同学们，这些优美的句子是凌乱的吗？作者有怎样的描写顺序？

生1：从上到下，从远到近。

师：哦，你是怎么知道的？

生1：先写天空，再写草地。先写远处的小丘，再写近处的牛羊。

师：你把课文读得真透彻！通过这节课，你对如何写好一处景物有什么收获吗？我们来回顾一下。

生2：要按顺序描写。

生3：可以运用比喻、拟人修辞手法使描写更加生动。

生4：可以直接表达心情，也可以通过描写其他事物来烘托自己的心情。

师：今后，同学们可以运用这些方法来写文章，把文章写好，写生动。

PPT出示学习小锦囊

景物描写的方法：

（1）移步换景，从远到近，从整体到局部，抓住特点，准确描画。

（2）寓情于景，情景交融。

（3）运用形象比喻、拟人、排比等修辞手法。

（4）运用动静结合的手法。

（5）大胆展开想象。

【设计意图】通过学习，总结归纳景物描写的方法，举一反三，进行写法的运用。课堂上既注重授之以鱼更关注授之以渔。

五、小结

师：通过这节课的学习，你有什么收获或感受?

生1：我了解了美丽的呼伦贝尔大草原，掌握了景物描写的方法。

生2：祖国地大物博，风景秀美，我喜欢辽阔的大草原，我希望能到内蒙古游玩。

生3：我在阅读的时候学会了如何赏析句子，积累了一些优美的成语。

生4：我最大的收获就是知道了写景的方法，我的家乡也很美丽，我要运用这样的景物描写方法写万绿湖。

师：很好，我们班将要诞生几位小作家，期待你们的作品。看来，同学们收获真不小。下面，请你们带着对大草原的喜爱和赞美之情，把课文读一读。

六、布置作业

（1）背诵第一段。

（2）小练笔：选一处景物，运用写作方法，写200字的短文。

【教学反思】

语文教学的点要落在语言上，聋校语文老师的任务就是发展学生的语言。本节课，我紧扣文本，让学生理解文本，积累语言，感受语言的魅力，从中感受草原风光的美；让学生学习景物描写方法，学会运用语言。教学目标设计简洁明了，教学目标达成率高。

授之以鱼不如授之以渔，本节课我设计了2个学习锦囊，让学生从中掌握批注阅读和景物描写的方法，注重读写结合，培养学生阅读和写作能力。我希望每节语文课都能给学生带来"干货"。

课堂上我以学生为本，善于鼓励学生，不落下任何一个学生，做到师生互动、生生互动，学生的精神始终是自由的，他们大胆想象，积极发言，思维比较活跃，师生间和谐共生，在愉悦的氛围中感受语文的魅力。

课题研究及

教学实践案例

第一节　听力障碍语文教学研究

聋校"医教结合强化口语说写并举"
教学模式实践研究

一、问题的提出

据相关文献记载及对本校学生的了解，我们发现大多数聋生在接受了九年教育后，语言能力还是很差，仅有普通小学三、四年级学生的水平。学生读不懂，说不通，写不顺，不能正确理解课文内容，作文句子不完整，语句不连贯，语法错乱等现象普遍存在。一些学龄前原本有残存听力、口语表达能力较好的孩子到了聋校后，口语表达能力出现了不同程度的退化，只习惯于用手语与他人沟通。这一切都制约了聋生与主流社会群体的沟通和交往，严重影响了他们的生活质量。

聋生语言能力发展受限，除了自身听觉以及构音障碍，究其原因，还有以下几点。

（一）教师的课堂语言不当，师生间沟通有障碍

课堂上，教师的教学语言有两个极端，一种是纯手语教学，教师在无声的状态下手舞足蹈，学生也跟着比画，看似掌握了所学知识，实则不然。另一种是手口并用教学。教师口若悬河，手语零零散散，支离破碎。教师手口无法对译，学生通过视觉获取的仅仅是教师的只言片语。另外，还有的教师使用文法

手语，用手势将语言进行逐字翻译。在这种沟通状态下，学生听不清、看不懂教师的口语和手语，只能一知半解，囫囵吞枣。教师在许多情况下也看不懂学生的手语、听不清学生的口语，只能连看带猜，似懂非懂，师生在课堂中存在着很大的沟通障碍，教师教学只是为了完成任务，教学效果差。

（二）山区多数聋生未经学前康复训练，错过了语言最佳发展期

国内外大量研究表明，婴幼儿经过听力筛查，被确认为听力障碍时，若立即接受较好的医学康复和言语治疗，就能够获得较好的语言能力，从而融入普通学校教育，实现持续发展。然而，由于受地域差异、经济能力及认识理念等因素制约，经济发展比较落后的农村及边远地区，大部分聋生未能及时得到早期医学康复和言语训练，错过了语言发展最佳期，导致后续语言学习事倍功半。据调查，我校有聋生97人，未经学前语言康复教育的聋生63人，占全校聋生的65%，因经济条件制约无法购买助听器或不愿意佩戴助听器的聋生31人，占全校聋生的32%。

（三）聋校语文和沟通与交往课程不能满足每个学生的需求

语文和沟通与交往学科是聋生习得语言的重要课程。然而，由于学生认知水平个体差异大，任何一本教材都不可能满足每一个地区或每一个学生的实际需求。沟通与交往是2017年《聋校义务教育课程设置实验方案》新增设的学科，但是只有课程标准，更没有教材，教师上课无本可依，不知从何入手。

怎样才能提高聋生的语言表达能力，解决聋生的沟通问题，提高他们的生活质量？这是值得聋校教师特别关注并亟待解决的热点问题。

二、解决问题的过程与方法

（一）困惑与思考阶段（2009年10月—2011年1月）

审视聋生语文学习现状，分析问题产生的根源，搜索相关研究成果，对聋校语文教学改革进行初步思考。

（二）借鉴与尝试阶段（2012年2月—2014年5月）

到上海参加全国聋校语文教师培训，受聋教育专家季佩玉和简栋梁老师

"以口语为主导的全沟通教学"影响，我开始在自己所任教的二班级尝试"强化口语说写并举"教学，观察学生的学习效果。

（三）实践与研究阶段（2014年6月—2018年7月）

1. 研究历程

2014年6月，我们成立课题组，落实人员分工，邀请了简栋梁教授到学校对启聪部进行语文课堂教学把脉诊断，并申报了"聋校低年级语文'医教结合，强化口语，说写并举'教学模式实践研究"市级课题，以本校启聪部1～3年级学生为研究对象，力求通过研究，解决聋生语言学习问题，抢滩式拯救聋生沟通困境，提高聋生的语言能力。2016年，教育部颁发《聋校义务教育课程标准》，对照新课标，课题组对研究内容作了调整，并将市级课题升级为省教育科学规划十三五课题。课题组邀请了华南师范大学谌小猛博士进行研究指导，对聋校语文、语训、沟通与交往学科教学进行整合，从课程层面进行顶层设计，从教学内容到教学方法、教学组织形式作出变革。

2. 研究内容

构建聋校低年级"医教结合，强化口语、说写并举"语文教学模式，规范课堂，提高课堂教学的有效性。

推动国家课程的校本化建设，改编聋校语文教材，开发沟通与交往校本课程，让课程更适合本校学生的发展。

通过现代化教学仪器"启音博士""听力障碍评估与训练仪"开展一对一、小组训练，提高聋生说话的清晰度和语言表达能力。

在综合实践活动和师生交谈中，促进聋生学习、理解、运用语言。

3. 研究方法及路径

（1）加强环境布置，利用视觉学习。

教室里所有的可视物品都贴上相应的词卡，如桌子、椅子、讲桌、开关等。巧用教室四面的墙，按词性将常用词语分类呈现出来。例如，表示人物的词语——爸爸、妈妈、老师、叔叔、同学们等；表示地点的词语——教室、办公室、操场、学校、家等；表示做什么的词语——读书、写字、跳舞等；常用句式卡片——谁在哪里做什么，哪里有什么？

这样，学生积累了大量词语和常用句式，写起句子来就不会出现词穷或语序混乱、词不达意的现象了。

教室环境布置

（2）规范课堂教学，提高课堂效率。

课堂上，要求教师的教学语言突出口语，说写结合，学生要强化口语训练，至于清晰度可因人而异。重视大字课文的教学依托，教学做到图文结合；重视课文的背诵、默写。在语文（语言）课堂中，运用"听（看）写—导—读—练"四步教学法进行教学实践，课题组成员集体备课、听课、评课、议课，把优秀课例拍成录像参加各级各类比赛，形成优秀教学课例。

（3）提供教材蓝本，开发沟通与交往校本课程。

研读新课标，编写出课程目标、课程内容和教材框架。

充分挖掘地方资源，以生活为核心，以主题单元为结构，形成《沟通与交往课程编写指南》和《沟通与交往》校本教材，校本教材边试行边修订。具体编写过程如下图所示。

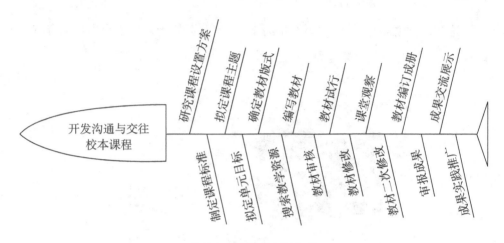

沟通与交往课程编写流程

（4）利用现代科技，深化口语教学。

每个语训老师每学期选定2个以上教学对象，通过对学生进行科学的言语能力评估，制订个别化教育方案，一对一或一对二运用语言评估与训练仪等教学设备加强对学生的个别化训练，提高学生的听辨能力和发音清晰度，重点从词语—句子—句群—应用练习进行语言训练，做好康复个案跟踪记录，客观反映研究前后的变化，形成优秀案例。

（5）加大书面语的训练，增加词汇量。

要求教师与学生的交流使用笔谈，学生坚持写自白，内容可以是学校一日生活、个人思想等。二年级学生坚持每天写一句话，三年级学生坚持每天写几句意思连贯的话，把综合实践活动与语言学习紧密结合起来，在活动中带上字卡、句子，在实际场景中积累语言。

研究方法及路径如下图所示。

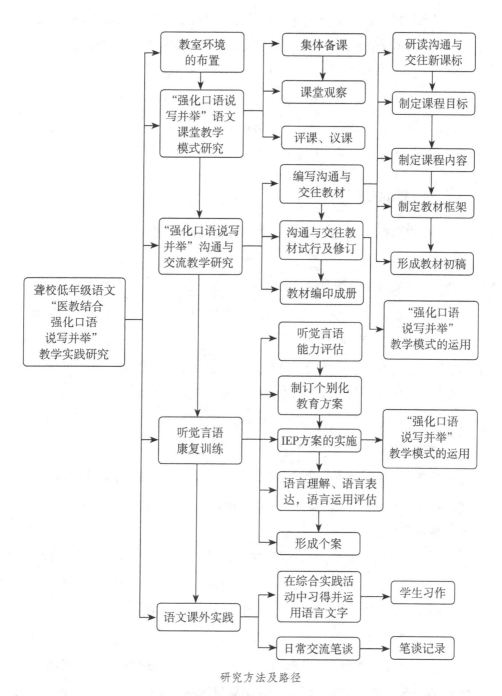

研究方法及路径

（四）成熟与推广阶段（2018年9月—2020年10月）

整理课题材料，总结研究成果，通过开展教学交流、跟岗培训、专题讲座、提供课例实录学习，有计划地在全校乃至省内外兄弟学校进行试验。

经历了以上四个阶段，本研究有三大成果：聋生阅读能力得到提升，喜欢阅读，读不懂、说不全的现象减少；聋生书面语表达能力得到提升，写的句子能做到基本通顺，结构完整；聋生愿意沟通，掌握了与健听人进行沟通的技巧，减少了与健听人之间的沟通交往障碍。

三、成果的主要内容

（一）"医教结合、强化口语、说写并举"概念的界定

1. 医教结合

特殊教育实施医教结合旨在采用教育、医学等多学科合作的方式，根据残疾学生身心发展规律和实际需求，对残疾学生实施有针对性的教育、康复和保健训练，开发其潜能，使每一个残疾学生的身心得到全面发展。本课题的"医教结合"是指针对1～3年级的听障学生，通过专门的现代化语训教学设备，进行听觉训练、言语技能训练、语言训练，从而使聋生形成有声语言和有声语言思维，为聋生学习有声语言提供有利条件。

2. 强化口语

教师在语文（语言）教学中，以口语为主，以书面语、手语作为辅助，要求学生开口说话，发展学生语音思维，语音清晰度要求可因人而异。

3. 说写并举

在识字、学词、学句、学短文教学中，采用图文结合、说写并举、读写结合的手段，把语音内容和文字统一起来，把说话语音不清晰的或用手指语表示的语句转换成书面语。教学中，注重学生说、写能力的训练，先说后写。

（二）研究成果

1. 医教结合，对聋生进行听觉、言语康复训练，提高聋生学习语言的效能

医教结合，对聋生进行听觉、言语康复训练，能提高聋生学习语言的效

能，是聋生学习语言的重要手段。聋生语言发展存在缺陷大多数是因为听觉损伤，长期缺乏有声语言环境的刺激，在学龄期经过听觉补偿和专门的听觉、语言训练后，他们的语言发展进步是明显的。课题组三个言语康复师，对有听觉补偿的学生进行一对一的个训，效果明显。

案例一：学生张×丹，9岁，听觉年龄3年。5岁发现听力有障碍，左耳听力为60dB，右耳听力为110dB。6岁自费做人工耳蜗，右耳佩戴人工耳蜗，补偿效果较好。人工耳蜗开机后未经过专业的语言康复训练。来校对其进行评估，单字正确总个数为4，句子中单字正确总个数为0。单字清晰度为8.9%，句清晰度为0%，连续语音清晰度为0%。在家主要语音输入者是父母，但是都是用"客家话"同她沟通，对于普通话，她既不会说也不会听。经过2个学年的训练，该生现在单字正确总个数为29，句子中单字正确总个数为22，单字清晰度为64.4%，句清晰度为48.8%，连续语音清晰度为75.9%，有了明显的进步。

案例二：学生陈×龙，13岁，听觉年龄1年，重度听力损失，佩戴人工耳蜗，补偿效果一般。13岁时开始参加语训，语训前没有听的习惯，主要的表达方式是手语，言语清晰度30%，与人沟通无眼神交流，难于用普通话表达自己的意愿。经过一年半的语训后，陈×龙能够有意识地听声音完成指令，能辨识声响，能够听懂简单的词汇（拟声词、简单名词、动词、形容词等）并较清晰地表达，言语清晰度为50%；能与人眼神交流、互动，能用简单的普通话完整句表达自己的意愿。

案例三：学生梁×唯，10岁，佩戴助听器，助听器补偿效果良好。平时不喜欢说话，习惯用手语与班里同学交流，不伴口语。在日常的生活中能够用语言表达自己的需要，但词汇量较少，发音不清晰。会说简单的句子，说较长的句子时语序混乱。对生活中一些常见的物品说不上名字，会习惯性回答"不知道"。性格内向，比较害羞，说话声音较小，语音清晰度一般。经过训练后她看到教师会主动说话问好，课下还会和教师聊一下过去她在幼儿园的生活或是家里发生的趣事。现阶段对声音的反应敏感，能辨识不同频率的声响，能够听懂较长的句子。在教师的引导下，她在与班里学生沟通时能够边用手语边说话

（因其他同学不会说话，只能使用手语沟通），在与老师交流时不使用手语。说话声音比以前大了，上课回答问题也很积极，乐于表达。

2. 构建了低年级语文课堂"听（看）写—导—读—练"四步教学模式，改变了教师"各自为政，课堂低效"的现状

教学模式指在一定教学思想或教学理论指导下建立起来的较为稳定的有序可操作的教学活动结构框架和活动程序。在本课题的研究中，我们遵循"听（看）写—导—读—练"四个环节进行课堂教学。听（看）写，指在课前五分钟，教师组织学生进行听音、唇读或默写词语、短语、句子的训练，提高学生听辨、看话和写话的能力。导，即从学生的生活经历和兴趣出发，用浅显易懂的语言引导学生走进文本，激发学生学习兴趣，具体可以采用联想竞猜、话题讨论、设置悬念、开门见山等方法。读，一是指导朗读，教师依据大字课文，指导学生正确朗读，读准字音，读出句子间的停顿，不添字漏字；二是教师紧扣文本，提出核心问题，或是教师把学生的质疑梳理成核心问题，帮助学生读懂课文；三是指学生再读课文，图文结合，圈点勾画，通过读一读、画一画、演一演解决问题。练，指教师在一节课上提供学生不少于10分钟的练笔时间，教学中结合课文内容，指导学生说写练习，课后教师给学生布置练笔的作业。

聋生出现语言语序颠倒的一个重要原因是手语词汇贫乏，导致句式倒装，中心词前置不符合语法结构。教学时，我们特别注意依文学语，以语导文。"依文学语"就是依靠书面语学习口语。课堂上，给学生学习的内容，尽可能用大字课文出现，这样才可以依文提问、依文思考、依文讨论，才能指导学生圈点勾画，批注阅读。教师的板书要写意思完整的句子。"以语导文"就是以口语为主导，注重培养学生的发音习惯和不打手语的朗读训练，以帮助聋生形成有声语言思维。朗读时强调口型正确，读出节奏，合理断句，语音清晰度可因人而异。在识字、学词、学句、学短文教学中，采用图文结合、说写并举、读写结合的手段、方法，把语音内容和文字统一起来，把说话语音不清晰的或用手语表示的语句转换成书面语。

研究证明，四步教学法符合聋生语言学习的规律。课堂上，教师已改变了纯手语或手口不对译的课堂语言，师生间的有效沟通逐渐加强。学生改变了以往朗读一字一顿气流不顺畅的毛病，朗读速度也有所提高，形成了良好的口语表达习惯，阅读水平有了提升，特别是在书面语表达方面，语法错乱、语序颠倒的现象大大减少。

3. 形成了说写结合教学策略，提高聋生书面语表达能力

（1）结合阅读教学，挖掘文中的写点进行训练仿写——由读到写巧迁移。

语文教材中的课文有许多文质兼美的句段，让学生细读文段，品味作者遣词造句的匠心所在并把它熟读成诵而后内化为自己的语言进行运用。仿写就是这种由读到背，由记忆积累到运用的迁移。例如，《春娃娃》这篇课文结构简单，语句优美，以拟人的手法形象生动地写出了春天的特点。例句句式：春娃娃爱笑，笑出了暖暖的太阳。春娃娃爱哭，一撇嘴就细雨沙沙。仿写：秋姑娘爱跳，抖落了满树的黄叶。冬爷爷爱吹，一呼气小河便结了冰。

①扩写——连词成句，连句成段。

聋生学习与掌握词汇、句子的过程符合儿童发展的一般规律，即从词语到短语，句式由短到长，句义由简到繁。例如，学习《中秋节》这一主题，教师出示一幅家人赏月的图片，问：

什么？（月饼）

做什么？（吃月饼）

谁做什么？（我们吃月饼。）

谁在哪里做什么？（我们在院子里吃月饼。）

什么时候，谁在哪里做什么？（中秋节晚上，我们在院子里吃月饼。）

什么时候？景色怎样？谁在哪里做什么？（中秋节晚上，月亮又圆又大。我们围在院子的草地上一边赏月，一边吃月饼。）

什么时候？景色怎样？大家在哪里做什么？谁做什么？（中秋节晚上，月亮又圆又大。我们围坐在院子的草地上一边赏月，一边吃月饼。奶奶给我讲嫦娥奔月的故事。）

什么时候？景色怎样？大家在哪里做什么？谁做什么？心情如何？（中秋节晚上，月亮又圆又大。我们围坐在院子的草地上一边赏月，一边吃月饼。奶奶给我讲嫦娥奔月的故事。我们度过了愉快的节日。）

②补白——激发学生的想象。

课文中，有许多地方留给学生想象的空间，补白能激发学生的想象力，在进行发散思维训练的同时发展学生的语言文字表达能力。例如，课文《小溪生病了》一课。"小兔往小溪里扔纸屑，小猴往小溪里丢果皮，小猪往小溪里倒垃圾……""小兔不往小溪里扔纸屑了，小猴不往小溪里丢果皮了，小猪也不往小溪里倒垃圾了……""又过了些日子，小溪的病好了。小溪水清清的，绿绿的。它边跑边笑，笑出了串串酒窝窝……"这里有三个省略号。教学时，我们引导学生想象省略部分可以怎样补充。学生的思维被激发了，课堂积极性很高，七嘴八舌地说了起来。我再让学生把想象的句子写一写，用文字表达出来。

（2）笔谈实现聋生与健听者较顺畅的日常沟通。

聋生将来融入社会，重要的沟通方式是笔谈。因此，我们的学生都有一本特殊的作业本，叫作"笔谈本"。平日里，师生间的聊天，学生会随手拿起笔谈本把想说的话表达出来，也会把聊天的内容记在笔谈本上。例如，今天中午，学校食堂吃什么菜？味道怎么样？星期六在家里做了什么？这样持之以恒的训练，提升了学生的书面语沟通能力，让学生更好地融入社会，提高生活质量。

（3）在综合实践活动中习得语言

语文学习不仅仅在课堂，生活中处处是语文。每次活动课，也是我们的语文课。活动前，我们会制作并带上很多词语、句子卡片，让学生在真实的场景中学习语言、积累语言。例如，六一儿童节游园活动，教师带上"夹玻璃球""二人三足""丢沙包""排队""领奖""参加""热闹""愉快"等卡片，同学们自由选择活动，这样，学生就能表达出所参加的活动是什么，活动场景怎样，心情怎样。在活动即将结束时，让学生用几句意思连贯的话描写活动场景。实践证明，这种学习方法比教师在课堂上讲解更容易让学生理解，学生再也不会提起写作就冥思苦想憋不出几个字。学生写作的兴趣提高了，能达到事半功倍的效果。

活动课

4. 国家课程校本化建设，开发沟通与交往校本课程

为了更好地发展聋生语言能力，课题组研究开发了《沟通与交往》生活化校本教材1～12册，完善了小学阶段沟通与交往学科课程标准，为聋生提供了系统的学习沟通知识、技能的文本。教材内容编排以学生人际交往发展的沟通应用为本位，分家庭、学校、社区（社会）、家乡、祖国五大领域。每个领域有若干个主题，如家庭领域有"我的家人""做家务""家庭活动""到亲戚家做客""招待长辈"等主题单元，学校领域有"我的同学""我的老师""学校生活我自理""社团活动""校运会""快乐的郊游""升国旗""请假"等主题单元，社区领域有"看电影""逛超市""去快餐店用餐""生日会""请求""逛公园""转述"等主题单元。在单元主题编排上，做到"综合交叉、螺旋上升"。每个主题都有相应的词语、句子、句式、情境对话、小练笔教学活动。按交流和传递信息的方式，将沟通表达分为手语沟通、口语沟通、书面语沟通、现代信息沟通四类。教材编入微信、QQ、电子邮件、短信交流、电子购票等现代生活沟通元素。

在教材编写素材的选取和情境对话练习内容的编排上，尽最大努力选取学生日常生活中能见到、交际中常遇到的场景。这样，学生对教材就会有亲切感，就会爱学、乐学。

沟通与交往课程荣获广东省特殊教育学校课程建设成果一等奖，在全省特校课程建设交流会上展示。省内外不少特殊教育学校发来函件，希望成为教材试用单位。

四、效果与反思

（一）提高了学生学习语文的学习兴趣和积极性

语文课对听障学生来说是一门难度较大的课程。本研究根据学生的实际对语文教材进行了加广、重整、简化、减量、分解、替代等处理，做到活用教材，因材施教，尊重学生个体差异，尊重学生的情感体验，因此学生对语文的学习不再犯难，学习积极性也得到了提高。课题组开发的沟通与交往校本课程源于学生的生活，学生对教学内容熟悉，学起来爱学、乐学，兴趣浓厚。

（二）学生形成了良好的发音习惯

强化口语是本课题研究的一个重点。无论在课堂上还是平时的沟通中都要求学生开口说话，但是对语音的清晰度不做过分的矫正，使学生形成良好的发音习惯，形成有声语言的思维。

（三）学生阅读能力和写作能力得到提升

本课题注重说写结合的训练，包括课堂上不少于10分钟的写作练习，笔谈，综合实践活动中的写话练习，等等，这一系列举措都有助于学生词汇量的增加，使常用句式的结构得以巩固，学生能比较顺畅地进行笔谈，语言表达能力提高较快，特别是书面语表达语序颠倒、词不达意现象减少，进步明显。写作能力的提升，对实现聋人与健听者的交流十分重要。

（四）减少了听障学生与健听人之间的沟通障碍

沟通与交往是听障学生语文学习的外延，教学时教师通过设计语言实践、交往体验、社会参与、合作共享，使学生初步学会口语、手语、笔谈等多种沟通方式，具有在不同情境中与人沟通交往的实际能力，懂得交往的礼仪，养成积极、主动地进行沟通的良好态度和习惯，培养学生良好的个性、健全的人格与合作精神，使其逐步形成正确的世界观、人生观和价值观，为其全面发展、终身发展、适应社会、融入社会打下基础。

"医教结合"是聋生学习语言的特殊手段，"强化口语"是聋生习得语言的特殊需要，"说写并举"是实现聋人与主流社会更好沟通的途径和方法。

用客家方言，激发聋生学习古诗文的兴趣

《义务教育语文课程标准（2018年版）》加大了文言文比重，小学古诗文共132篇，占所有选篇的30%，初中古诗文共130篇，占所有选篇的57%。可见，古诗文作为中国优秀传统文化，在中小学语文教材中，备受重视。古诗文由于朝代久远，不仅在内容上脱离学生生活实际，其语言文字上的意义用法及语法结构跟现代汉语也相差甚远。因此，对大多数聋生而言，古诗文学习过程十分艰涩，很多学生对原本内涵丰富、意蕴优美的古诗文丝毫不感兴趣。如何提高学生对古诗文的学习兴趣呢？对于客家方言地区的学生，借助客家方言学习，可以达到事半功倍的学习效果。

一、用客家方言吟诵，感受古诗文的音乐美

河源是客家人集中地区，自秦代以来，有数次较大规模中原汉人迁徙而至，尤其是赵佗上书奏请秦朝，朝廷选送15000名女子到河源与三秦将士结合，催生了河源客家族群的形成与繁衍，当地的诗词吟诵也从中原地区演绎过来。古诗文赋是使用吟诵方式创作的，而客家方言保留了古汉语的语音、语法结构和词汇内容。因此，用客家话吟诵，古诗文便有着更多的"古风余韵"，更能使学生深刻体会其精神内涵和审美韵味，有助于学生学习和记忆古诗文。

所谓吟，就是将诗文的字句声音拉长，按照文字固有的音节加入感情色彩诵读。吟诵一般旋律性不强，无谱可依，可以自由发挥，是一种具有初步音乐成分的读书方式，别有一番风味。例如，用客家话吟诵《早春呈水部张十八员外》：

天街——小雨嗯——就润如酥哦——，

草色——遥看啊——近却无。

最是一年——春好处啊，

绝胜——介烟柳嗯——满皇都哦——。

朗朗上口的客家方言吟诵，在更大程度上还原了古诗文的音韵之美、古雅之美，带来了听觉上的新鲜之感。聋生有听觉障碍，对音乐的渴望更加强烈。教授《木兰诗》时，我带领学生吟诵，学生兴趣盎然，他们或用脚边打拍子边吟诵，或用书卷边打拍子边吟诵，或背着手摇头晃脑地吟诵，打破了以往古诗文学习的沉闷，课堂立刻灵动起来。这样教学，平时一个星期也背不下来诗文，学生竟然用两节课就能默出来。

二、用客家方言释疑，理解古诗文的押韵

诗词歌赋中有些句子的末一字用韵母相同或相近的字，使音调和谐优美称为押韵。教学时，为了让学生体会诗词的韵律美，教师往往会让学生找出韵脚。但是，在教学过程中会遇到一些用普通话读却读不出押韵的情况，如李商隐的《咏史》：

历览前贤国与家，成由勤俭破由奢。

何须琥珀方为枕，岂得真珠始是车。

运去不逢青海马，力穷难拔蜀山蛇。

几人曾预南薰曲，终古苍梧哭翠华。

其中"家""奢""车""马""蛇""华"并不押韵。学生就犯难了。这时，老师如果向学生讲明随着语音的演变，有些诗词现在已经不押韵了，学生只能知其然而不知其所以然。但是，只要老师让学生试着用客

家方言来诵读，学生便能恍然大悟，原来全诗都押"a"韵，分别为："家（ga）""奢（sa）""车（ca）""马（ma）""蛇（sa）""华（fa）"。学生会为自己是一个客家人而自豪，也能理解客家方言与古汉语的关系，学起古诗文来便有一种亲近感。

这样的例子不胜枚举。例如，《清明》（杜牧）全诗压"en"韵：

清明时节雨纷纷（fen），

路上行人欲断魂（fen）。

借问酒家何处有，

牧童遥指杏花村（cen）。

再如，《送元二使安西》（王维）中的韵脚"尘、新、人"，用客家话念"尘（qin）""新（xin）""人（nin）"，押"in"韵。《寒食》（韩翃）中的"花、斜、家"用普通话念，这三个字的音相差甚远，根本体现不出诗歌的押韵，如果用客家话念"花（fa）、斜（qa）、家（ga）"便可知全诗押"a"韵。

三、用客家方言解疑，理解古诗文词义

随着时代的变迁，许多词的意思发生了变化，但在客家方言中，还保留着很多汉语中具有古时代特点的词汇。教学时，遇到一些难解字，教师如果引导学生用客家方言读一读，意思自然就明白了。例如：

【吊】旧时的钱币单位，今客家方言"一吊钱"意为一元钱。《红楼梦》中"袭人本是月钱一两的丫鬟，但帐是算在老太太头上的，晴雯麝月等的月钱是一吊"，其中的"吊"便是钱币单位。

【索】大绳子。今客家方言"索麻"和《报任安书》："其次关木索，被箠楚受辱。"意思相同。

【爷】父亲。客家方言"两仔爷"就是父子俩。《木兰诗》："阿爷无大儿，木兰无长兄。""爷"，即父亲。

【著】穿，戴。客家方言"著衫，著鞋"意为穿衣，穿鞋。《木兰诗》：

"脱我战时袍，著我旧时裳；当窗理云鬓，对镜贴花黄。""著"解释为穿。

【炙】烤火。客家方言"炙热头"，即晒太阳。"炙火"即烤火取暖。《徐霞客游记·滇游日记四十》："急入其厨，索火炙衣。"

【食】吃。客家方言"食饭"就是吃饭的意思。《欲食半饼喻》"譬如有人，因其饥故，食七枚煎饼"中的"食"就是吃的意思。

【掌】看守东西，放牧。客家方言"掌牛"就是放牛。《孟子·滕文公上》："舜使益掌火，益烈山泽而焚之，禽兽逃匿。""掌火"意思是主管用火。

【朝】早晨。客家方言"食朝"意为吃早饭。"朝晨头"意为早晨。《送元二使安西》中的"渭城朝雨浥轻尘"的"朝"解释为早晨。

【治】宰杀。客家方言"治鱼"即宰鱼。《晏子春秋》："趣庖治狗，以会朝属。""治狗"意为宰狗，烹饪狗肉。

【落】下叫落，下雪叫落雪，下雨叫落水。《望庐山瀑布》："飞流直下三千尺，疑是银河落九天。"

此类例子，不胜枚举。由此可见，客家话与古代汉语关系甚是密切。客家方言传承了大量古汉语诗词，这是客家方言的瑰宝，作为客家方言地区的语文老师，我们应当把客家文化与古诗文学习联系起来，在课堂中巧妙地运用。

参考文献

练春招，候小英，刘立恒.客家古邑方言［M］.广州：华南理工大学出版社，2010.

（本文发表于《中学语文》ISSN1000-419X CN42-1021/G4 2018年第5期）

第二节　说写并举教学实践案例

《看图学词学句》（第四课时）教学设计

一、教材分析

看图学词学句是低年级语文教学的主要内容，是段篇教学的基础，也是整个聋校教育的关键。

第四课《看图学词学句》是全日制聋校实验教材《语文》第四册第一单元中的教学内容。其中包括13幅图，前6幅图分别是"牡丹花、月季花、梅花、菊花、桂花和荷花"，后6幅图分别是"柏树、松树、槐树、榕树、梧桐树和桦树"，最后一幅图画是公园种着各种花，有月季花，还有牡丹花。图画反映了句子的内容。由于桉果树是河源常见的绿化树而且本校也种有桉果树，而桦树多长于北方，在河源极少见，所以我对教材做了处理，删减"桦树"，改为学习"桉果树"。本节课是第四课时，前三课时学生已经学习了课文的生字词，并初步理解了句子的意思。

二、学情分析

本课的教育对象是二年级的6名听力障碍学生。他们个体差异较大，年龄、听力、言语和理解水平都不同。叶×兵、陈×娇的听力、言语、理解能力较强，接受新知识快。黄×入学年龄较大，理解能力比较强，基础较扎实。张×领的理解能力较好，但是言语、听力较差，本学期刚从普小转学插班。邓×宇年龄小，言语能力较强，理解能力一般，基础较差。钟×珍是本班年龄最小的学生，听力、言语和理解能力都较差。

三、教学目标

（1）通过图文结合，理解"公园的花坛里种着各种花，有月季花，还有牡丹花"这个句子的意思。

（2）能正确地朗读句子，注意句子的停顿，会适当换气。

（3）掌握"哪儿种着……，有……，还有……"句式。能力较强的学生能运用句式举一反三仿写句子。能力较弱的学生能在教师的指导下说句子。

四、教学重难点

（1）读懂"公园的花坛里种着各种花，有月季花，还有牡丹花。"句式。

（2）掌握"哪儿种着……，有……，还有……"句式。

（3）能运用句式举一反三仿写句子。

五、教学准备

教学课件、生字及问题卡片、大字课文、课文挂图、小黑板、水果1篮、花（菊花、月季花）2盆摆放在桌子上置于教室一角。

六、教学过程

（一）复习

1. 看卡片读词语

教师出示词语卡片"菊花、桂花、牡丹花、柏树、榕树、月季花、荷花、松树、梅花、梧桐树、芒果树"让学生认读，并将词卡与图片实物配对。

2. 看图片说词语

教师用幻灯片出示图片，随意指图让学生说词语，并指名学生在小黑板上写词语。

3. 看图写句子

A组学生用"什么、什么和什么都是什么"的句式说写句子。B组学生用"什么是什么，什么也是什么"的句式说写句子。

教师指幻灯图片，不打手语问："哪些是花？"或问"哪些是树？"指名让学生说句子，再在黑板上写句子。然后指名让学生扮演小老师批改学生写的字词。教师一边批改，一边指导学生读词语、句子。

【设计意图】"温故而知新"，巩固生字、新词的音、形、义，检查学生学得是否扎实，为本课的教学奠定了良好的基础。

（二）新授句子

1. 出示句子，整体朗读

教师用幻灯片出示句子。然后在黑板上出示挂图和大字课文。教师指大字课文，学生齐读句子。

【设计意图】大字课文可满足聋校语文教学中教师和学生扎实有效地进行语言文字教学活动的特殊需要。出示挂图和大字课文，为本节课教学活动的开展提供重要的教学语言和依据。

2. 随句子学习生字词

"花坛"——教师指挂图的花坛，把"花坛"词卡放在挂图的花坛上让学生理解。然后用幻灯片出示不同的花坛图片让学生理解，再指导学生发音。

"种着"——教师出示词语卡片，指挂图配动作让学生理解，然后指导学生齐读。

"各种"——教师出示词语卡片，指挂图上的月季花和牡丹花，让学生理解，然后指导学生小组读词语。

"还有"——教师出示词卡，指导学生齐读词语。

【设计意图】随句识词，在句子的语言环境中来理解词语的意思，从而完整地理解句子的意思。要求学生能认读词语。语言能力较好的学生发音准确，能力较弱的学生做到口型准确。

3. 图文对照，理解句子

（1）教师用指示棒先指文字，再指幻灯图片，让学生图文对照理解"公园的花坛""种着""各种花""月季花""牡丹花"。

（2）教师问："各种花"是什么花？然后指名让学生回答。

（3）图文对照理解句子意思。教师说句子，学生指图；一名学生说句子，另一名学生指图。

（4）教师幻灯出示句子的图片，让学生一起看图说句子，然后教师出示句子让学生齐读句子。

【设计意图】针对聋生"以目代耳"的学习需要，充分利用图画，从图到文，用看图获得的形象与句子中的语言文字进行对照，帮助学生理解句子所表达的意思。从文到图，用语言文字加深对图画内容的认识，再把句子的内容与句子的音、形统一起来，最后达到掌握句子的目的。

4. 指导朗读

（1）教师问："同学们想想，这个句子应该怎样停顿？"指名1个学生到大屏幕前在句子上画停顿符号。

（2）教师用幻灯片出示正确的停顿"公园的花坛里/种着/各种花，/有月季花，/还有牡丹花。"然后用教鞭正确地移动，指导学生齐读句子。

（3）指名学生做小老师领读句子。

【设计意图】指导朗读是句子教学必不可少的环节。聋生没有口语（说话）基础，语音也不清晰。常常一字一顿，读破词、破句，严重影响了对句子意思的理解。通过指导能帮助学生正确地读句子，更好地理解句子的意思，培养语感，发展思维。培养学生正确朗读句子的能力，还能有效地帮助学生熟悉句子，领悟次序，内化为自己的语言，有利于表达。

5. 学习句型

（1）教师显示口型，分别提问"哪儿种着各种花？""公园的花坛里种着什么？""公园的花坛里有什么花，还有什么花？"要求学生看口型回答问题或找问题卡片，然后在大字课文里找到答案。

（2）幻灯片出示句式：公园的花坛里种着各种花，有月季花，还有牡丹花。（哪儿）种着（各种什么）有（什么），还有（什么）。

【设计意图】依文提出问题，依文思考问题，为学习句式打基础。

6. 仿写句子

（1）在挂图上贴上桂花和菊花，指导学生用课文中的词语替换句子中相应部分组成新的句子。

（2）幻灯片出示我校校园的一角图片，让学生看图、小组间互相说句子，然后各组派代表说、写句子。

（3）幻灯片出示2幅图片，分别是菜市场和屋子的一角，出示一篮水果，一个放着各种文具的文具盒，指导学生用"哪儿（种/摆/放/……着）各种什么，有什么，还有什么"的句式自由说写句子。学生可以看图说、可以观察教室创设情境说，也可以联系实际、自由说写句子。

（4）让学生扮演小老师点评同学写的句子。

【设计意图】运用句式举一反三地说写句子，不仅能够促进学生将学习的词语放在句子中加以应用，发展语言文字能力，而且能鼓励学生用学过的词语说写句子，结合生活实例举一反三，可以有效地激发与活跃学生思维，丰富学生的句子量。通过句式练习，学生懂得句式中各词语之间的关系以及表达规则。

（三）小结

看大字课文，齐读句子。

【设计意图】以读小结，加深记忆，是最适合低年级学生的小结方法。

（四）作业

用"哪儿（种/摆/放/……着）各种什么，有什么，还有什么"句式仿写（说）5个句子。

【板书设计】

第四课　看图学词学句

| 课文挂图 | 句子拼音 | 给学生写词、写句 |

花坛

种着

各种

还有

哪儿种着各种花？

公园的花坛里种着什么？

公园的花坛里有什么花？还有什么花？

句子

_____

_____

_____

_____

_____

【教学反思】

　　本节课，我从聋生学习语文的特点出发，通过图文结合、说写并举、情境创设、多媒体辅助等有效的教学方法，抓住教学重难点进行教学及训练，扎实地将听说读写落实到课堂教学当中，使学生学到知识，形成能力。学生的学习积极性较高，课堂气氛较活跃。本节课的不足之处在于忽视了对能力较弱的学生写句的指导以及对言语能力较差的学生发音指导不够到位。

《拔河》第二课时教学设计

一、教材分析

　　《拔河》是全日制聋校实验教材《语文》第五册第一单元中的教学内容。

课文有一幅图画以及三个句子。图上画的内容能与每个句子的主要内容相对应。同学们体验过拔河比赛，有实际经验，所以对课文内容也就容易理解。

课文中三个句子都比较长，第一句的主语部分"六（1）班和六（2）班的同学"很长；第二个句子由四个小句组成；第三个句子由三个小句组成，小句之间有先后顺序。其中，第一句介绍"什么地方，谁和谁在哪里做什么"，第二句写比赛的同学拔河的过程，第三句是旁边的同学喊"加油"。三个句子有先后顺序，不能颠倒。

课文从两个班同学举行拔河比赛，旁边观看的同学高兴地喊"加油"，表明同学们积极参加体育活动，重视锻炼身体。

本节课是第二课时，第一课时已经学习了课文的生字词，初读了课文。

二、学情分析

本课的教育对象是三年级的8名聋生。他们个体差异较大，听力、言语和理解水平都不同。

梁×、杨×婷、温×琪、龚×欢四名学生听力、语言理解和语言表达能力较强。曹×妹听力较好，但是语言理解运用能力较差。郑×杰、罗×佳、赖×科三名学生听力、语言理解能力及书面表达能力较差。

三、教学目标

（1）正确观察图画，能通过图文对照、演一演、指一指、画一画，理解句子的意思，明白第二句写比赛的同学，第三句写旁边的同学。

（2）能正确地朗读课文，读出句子间的停顿。

（3）能运用课文的内容说写"什么地方，谁和谁在哪里做什么""谁和谁在什么地方做什么"这两个句式。

（4）通过学习，激发同学们热爱体育锻炼、积极参加体育活动。

四、教学重点和难点

（1）重点：抓住"蹬住、抓紧、拉、挥动、喊"几个动词，读懂课文。

（2）难点：运用句式"什么地方，谁和谁在哪里做什么""谁和谁在什么地方做什么"写出句子。

五、教具准备

多媒体课件、哨子实物、绳子实物、短语卡片、小黑板。

六、教学过程

（一）复习

幻灯片出示短语"举行比赛、哨子声响、蹬住脚跟、抓紧绳子、向后拉、挥动双手、大声喊"让学生认读，要求不打手语读短语。

【设计意图】这些短语都是固定搭配的，把课文生字放到短语中认读，做到字不离词，温故知新，为本课的教学奠定了良好的基础。

（二）新授

1. 朗读指导

（1）幻灯片出示课文和插图，学生集体朗读全文。要求不打手语，能正确朗读课文，读出句段之间的停顿，长句按意思停顿，发音的清晰度可因人而异。

（2）幻灯片出示标注有停顿符号的课文和插图，学生读课文，教师指图。学生通过图文对照，初步理解句子的意思。

【设计意图】朗读全文，对课文内容有一个整体的感知。图文对照，教师从文到图，再从图到文指导朗读，把语音和语意匹配起来，这是聋生理解语言文字的重要途径。此环节强调学生的口语练习，发音的清晰度可因人而异，目的是让学生形成有声的语言思维。

2. 读懂第一句

（1）幻灯片出示"什么地方，谁和谁正在做什么"句式，让学生说句子，并在写字板上写句子。指一名写句能力较差的学生上黑板写。教师巡视指导。

（2）变换句式为"谁和谁在哪里做什么"，说写句子。指一名学生上黑板写。

（3）请学生做小老师修改句子。

（4）集体朗读正确的句子。

【设计意图】说写并举是聋校低年级语文教学的重要手段。本环节教学遵循语言发展的基本规律，以及语文教学从口语到书面再到综合的普遍规律，让聋生"先会说，再学会写"，最终完成"说写结合，会说会写"的能力目标。两个句子句式不一样，表达的意思一样。如此训练，能提高学生的写句能力。

3. 读懂第二句

（1）视频播放本校六年级学生拔河比赛的场景。

（2）学生自读课文，用"＿＿＿＿"画出写同学们拔河的句子。

【设计意图】播放本校学生拔河的视频，激发学生的学习兴趣，让学生对拔河的过程有一个直观的感知。让学生画出写同学们拔河的句子，读一读、画一画，有助于培养学生的阅读能力。

（3）集体朗读第二句。

（4）读懂第二句的四个小分句。

① 教师出示哨子，问："这是什么？"

② 教师用手挡住嘴巴，吹哨子，让学生听辨声音的有无及哨子声响。

③ 理解"蹬住脚跟"。让学生找一找图中蹬住脚跟的同学。让学生演一演蹬住脚跟。

④ 理解"抓紧绳子"。师问："抓紧什么？"让学生抓紧自己双手，抓紧同学的双手，理解抓紧就是牢牢抓住不放松的意思。

⑤ 理解"用力向后拉"。教师指图。

⑥ 学生站起来，齐读第二句，一边读，一边表演。

⑦ 幻灯片出示顺序打乱的四幅图，让学生按照课文内容排列图片顺序。四幅图分别是"哨子声响了""比赛的同学蹬住脚跟""抓紧绳子""用力向后拉"。

【设计意图】针对聋生"以目代耳"的学习需要，充分利用图画，从图到文，用看图获得的形象与句子中的语言文字对照，帮助学生理解句子所表达的意思。从文到图，用语言文字让学生加深对图画内容的认识，把句子的内容与句子的音、形统一起来，最后达到掌握句子的目的。演一演，能调动学生的学习积极性，检查学生对语言文字是否理解。

4. 读懂第三句

（1）视频播放拔河比赛中啦啦队的场景。教师问："旁边的同学怎么样？""这句话写的是谁？"（旁边的同学）

（2）集体朗读第三句。指名让学生到大屏幕在图中找出"旁边的同学"。

（3）指导朗读第三句。分角色读，老师读："同学们……大声喊。"学生读"加油！加油！"学生站起来，边演边读。

【设计意图】观看视频，能让学生感受观众给比赛的同学加油鼓劲的现场气氛，便于学生理解"高兴地挥手、大声喊"等语句。分角色朗读、表演读，可以调动学生的学习积极性，让学生感受到啦啦队的热情。

（三）巩固练习

（1）演一演。指4名学生进行拔河比赛。其他同学做啦啦队。

（2）集体朗读全文。

（3）根据课文内容填空。

指一名学生在小黑板上写。其余学生在课文中写。教师巡视指导。

哨子声（　　），参加（　　）的同学都蹬住（　　），抓紧（　　），用力（　　）。旁边的同学（　　），大声喊（　　）。

（4）集体评议板演学生的填写情况。

（四）作业布置

仿照课文，写几句意思连贯的话。

【教学反思】

本节课的教学针对低年级聋生的学习特点，构建"医教结合、强化口语、说写并举"课堂教学模式；注重从整体上把握课文内容；采用听一听、说一说、画一画、演一演、写一写的方法，充分调动各感官，帮助学生理解课文内容，将听、说、读、写扎扎实实地落实到课堂教学中；将课文与插图紧密结合，做到依图识文；恰当地使用多媒体教学课件，体现信息技术与学科教学的融合；面向全体学生开展教学，学生的学习积极性提高，学习效果较好，顺利完成了学习目标。

《最大的麦穗》教学设计

一、教材分析

《最大的麦穗》选自江苏凤凰教育出版社《语文》六年级（下册）第五单元第16课，是一篇借事说理的散文，富有哲理。文章叙述古希腊学者苏格拉底让弟子们在有限的时间内到麦地里摘一个最大的麦穗的故事，揭示了人的一生必须实实在在地抓住眼前的机遇，而不能东张西望，以免错失良机的道理。

二、学情分析

本课的教育对象是杭州聋人学校八年级的听力障碍学生。本班共有学生9人，有3人学习能力较好（A），3人处于中等水平（B），3人存在学习障碍（C）。学生经过近8年的学习，有一定的阅读理解能力，但未经学前康复语训，普遍口语表达能力较差，书面语表达能力不强。学生课堂常规较好。

三、教学设计理念

以发展学生的语言能力为根本，尊重学生的阅读体验，尊重学生的个体差异，说写结合，读中思疑，读中解疑，注重培养学生的分析和解决问题的能力以及合作学习的意识。注重语文工具性和人文性的统一，将听、说、读、写扎扎实实地落实到语文课堂教学中，切实提高聋童对祖国语言文字的理解和运用能力。围绕课题，设计"课前体验—研读理解—领悟真理"三个主要环节进行教学，让学生做课堂的主人。

四、教学目标

通过研读课文，领悟必须善于抓住机遇，而不能东张西望，以免错失良机的道理。

五、教学重点和难点

（1）重点：读懂《最大的麦穗》这个故事，理解课文蕴含的"把握眼前的机遇"的哲理。

（2）难点：理解"追求应该是最大的，但把眼前的一穗拿在手中，这才是实实在在的"这句话的意思。

六、教学准备

大字课文、教学课件。

七、教学过程

（一）课前活动

（1）出示麦田图片，教师问：这是什么地方？指着"麦穗"问：这是什么？（板书：麦穗）

（2）问：一块麦地里有多少麦穗？用成语表达。（板书：数不胜数、不计其数、不可估量、数以万计、成千上万……）

（3）出示课文句子："那正是收获的季节，地里满是沉甸甸的麦穗。"让学生朗读，读出丰收的喜悦。

（4）一起走进麦地，请你仔细看一看麦穗。（图片显示麦穗）看到你认为最大的麦穗的时候，用起立的方式告诉大家。之后请学生谈一谈想法：地里的麦穗这么多，你为什么就看中了这一穗？

【设计意图】

（1）城市里的学生对麦地、麦穗都比较陌生，使用图片能让学生有直观的了解。

（2）用成语表达，麦地里有多少麦穗，其一能积累词汇，其二让学生体会在一片茫茫的麦地里找一个最大的麦穗，机遇难求。

（3）让学生通过活动，感受到"机遇"问题，走近文本，为下面的学习做铺垫。用"麦穗"作为活动的题材，更贴近文本，降低了学习难度。

（二）研读理解

过渡语：2500多年前一位古希腊的大学者苏格拉底带学生到麦地里寻找最大的麦穗。今天我们一起跟随伟人的足迹，聆听苏格拉底智慧的语言。（板书：最大的麦穗）

在弟子们寻找最大的麦穗的过程中，苏格拉底说了三句话，找出来读一读。用"～～～"在文中画出答案。教师巡视指导。

（1）研读苏格拉底的第一句话："你们去麦地里摘一个最大的麦穗，只许进不许退，我在麦地的尽头等你们。"

齐读这句话，教师问：苏格拉底对弟子提出几个要求？（苏格拉底提出的三个要求的意思。其一，必须是最大的；其二，不可以后退；其三，后悔也没用。）

（2）研读第二句话："你们已经到头了。"

苏格拉底说这话时，弟子们完成任务了吗？你从哪些词语可以看出来？（通过"两手空空""如梦初醒""惋惜"这些词，可以看出弟子们没摘到麦穗。）

弟子们没有摘到最大的麦穗，是因为他们不认真寻找吗？

思考：弟子怎么做？怎么想？强调几个动词：埋头、看看、摇头、摘了、扔掉、低头、走、挑挑拣拣。

同学们一边读课文一边演一演。

【设计意图】以苏格拉底的三句话，贯穿课堂，展开教学。以大字课文为依托，圈点勾画，注重读中思疑、读中解疑。边读边演，调动学生的学习积极性，考查学生对语言文字的理解。抓住关键词读懂文本。

（三）领悟哲理

（1）教师问：弟子们没有摘到最大的麦穗，心情怎样？

苏格拉底是怎么对弟子说的？课文中有一个词用了两次，是什么词？理解两个"未必"。

联系课前活动谈一谈。学生通过联系前文理解：

第一个"未必"是指机遇不一定能碰上。

第二个"未必"是指碰到机遇，不一定能抓住它。机会一旦失去就不会再来，即要抓住机遇，把握机遇，不要错失良机。

（2）引导学生说话练习，先说后写下来。

我想对摇头的弟子说："_____。"

我想对随手扔掉麦穗的弟子说："_____。"

我想对挑挑拣拣的弟子说："_____。"

（3）弟子们悟出怎样的道理？出示最后一段，学生齐读。

"麦穗"为什么用引号？（麦穗指的是机会）

【板书设计】

麦地——人生

麦穗——机会

眼前的麦穗——眼前的机会

摘麦穗——把握机会

（4）你怎么理解"追求应该是最大的，但把眼前的一穗拿在手中，这才是实实在在的"？

【设计意图】读写结合，提高学生的口头表达能力和书面语表达能力。注重语文学科的工具性和人文性的结合。

八、作业布置

以下三个作业，一颗星，全体学生完成。二颗星及三颗星，学生二选一挑战完成。

★抄写本节课积累的成语和警句。

★★背诵课文最后一段。

★★★"追求应该是最大的，但把眼前的一穗拿在手中，这才是实实在在的。"联系实际，说说你对这句话的理解并写下来。

【设计意图】分类布置作业，学生根据自己的学习能力自主选择完成，尊重了学生的个体差异，提高了学生的书面语表达能力。

【板书设计】

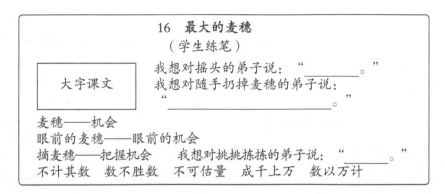

63

【教学反思】

本节课以发展学生的语言为根本，尊重学生的阅读体验，尊重学生的个体差异，说写结合，读中思疑、读中解疑，注重培养学生的分析和解决问题的能力以及合作学习的意识；注重语文工具性和人文性的统一，将听、说、读、写扎扎实实地落实到语文课堂教学中，切实提高了学生对祖国语言文字的理解和运用能力；面向全体学生，特别关注后进学生，对学生的激励欣赏真诚，营造了快乐轻松的学习氛围。

本节课的板书包含了四部分内容：主板书为重点词及其含义，还有副板书部分的大字课文、学生练笔和词语积累。首先，主板书突出了本课的重点和难点，且板书的设置层层递进，水到渠成，为理解本文所蕴含的哲理打下了基础。大字课文的设计切合聋校语文课堂的需要，既充分利用了聋生直观形象思维占优的特点，又避免了视频与展台切换带来的干扰。其次，将词语积累作为副板书呈现在黑板上，切合聋生的学习基础和生理特点，有利于培养聋生词语积累的意识。

教学媒体能针对学生的身心特点进行设计，特别是逐片呈现麦穗环节，特别符合聋生直观形象思维占优的生理特点，营造了一种身临其境的感觉，便于学生很快进入苏格拉底弟子寻找"最大的麦穗"的情境。

本课运用了两人小组合作学习的形式，生生互动较多，特别是生生互说、互改运用较多，有效培养了学生自主学习、互助学习的意识。师生互动良好，很好地调动了学生的学习积极性。

通过本堂课的学习，学生已经理解了课文内容，懂得了要抓住眼前的机会，不能错失良机的道理。教学目标达成度高。

在最后的"领悟哲理"环节中，在突破难点——理解"追求应该是最大的，但把眼前的一穗拿在手中，这才是实实在在的"这句话时，教师能巧妙地结合自身实际引领学生理解这句话。遗憾的是，当一女生谈及"想成为一个好的舞者"时，教师未能及时抓住这一点以完成对难点中的难点"追求应该是最大的"的突破。若能把"想成为一个好的舞者的理想"与"最大的麦穗"和"要实现这个理想"与"要摘到这个最大的麦穗"等联系起来，然后再追问女生："平时你怎么做的呢？"此时女生讲到自己没有抓住一次训练的机会时，便可结合本文的中心段落再次深入理解。这一难点的突破可能会更有层次，且让学生对"麦穗""最大的麦穗"等词的含义及本文蕴含的哲理有更进一步的理解。

《那片绿绿的爬山虎》（第二课时）教学设计

一、教学目标

（1）在语言实践过程中感受叶老先生真诚、质朴、平易近人的人品，对待文学事业一丝不苟、严肃认真的态度。

（2）品味重点句子的深刻内涵，感受作者对恩师的感激与怀念之情。

二、教学重难点

理解"在我眼前，那片爬山虎总是那么绿着""作家就是这样做的，作家的作品就是这么写的"等意义深刻的句子。

三、教学准备

（1）搜集叶圣陶和肖复兴的资料。

（2）推荐阅读《那片绿绿的爬山虎》。

（3）多媒体课件。

四、教学过程

（一）说话练习，引入情境

同学们，我们学校南面墙上有一片爬山虎。每到夏天，同学们都喜欢到那里拍照。

肖复兴在他15岁那年，一次偶然的机会，见到了一片爬山虎。30年过去了，他始终没有忘记那片浓浓的绿色。让我们走进课文《那片绿绿的爬山虎》。

（二）抓住文眼，走进文本

课文哪句话与课题呼应，请快速找出读一读。齐读课文最后一句"在我眼前，那片爬山虎总是这么绿着"。为什么那片爬山虎总是那么绿着？齐读最后一段。

（1）这位人品与作品都堪称楷模的大作家是谁？

（2）课文通过哪些事来表现叶圣陶先生的作品和人品？

（3）"作家就是这样做的"中的"这样"指怎样？"作家的作品就是这么写的"中的"这么"指什么？

学生带着问题，阅读全文。

（板书：叶圣陶　修改作文　邀请做客　一丝不苟　认真）

（三）学习写作方法，感受名家人格魅力

（1）引导学生从叶圣陶先生帮"我"修改作文这件事中，品析和感受叶圣陶先生一丝不苟的工作作风。

师：叶圣陶先生怎样修改"我"的作文？

①把"一张画像"改成"一幅画像"。区别量词"张"和"幅"的用法。从这一点我们可见作文要用字准确。（板书：用字准确）

②将"怎么你把包几何课本的书皮去掉了呢？"改成："怎么你把几何课本的包书纸去掉了呢？"

理解"书皮"和"包书纸"。由此可见作文要句子规范。（板书：句子规范）

叶圣陶先生修改得多么认真细致呀！那么文章究竟应该怎样写呢？或许你

能从叶圣陶先生的评语中得到启示。齐读叶圣陶先生的评语。问：你从中得到什么启示？（板书：写具体事实、表真情实感）

小结：作文要用字准确、句子规范、写具体事实、表真情实感。

理解我感情的变化：填空。

当"我"仔细看了叶圣陶先生的修改后，"我"（感受到他的认真、平和以及温暖，如春风拂面）。

当"我"看到叶圣陶先生简短的评语后，"我"（树立了写作的信心）。

师过渡：如果说叶圣陶先生的修改让"我"受益匪浅的话，那么当作者真正与叶圣陶先生亲密接触以后，又会有怎样的感受，觉得叶圣陶先生是个怎么样的人呢？

（2）引导学生从邀"我"做客这件事中去感受叶圣陶先生平易近人的品质。

当"我"去叶圣陶先生的家做客时，他是如何招待"我"的？从中可以感受到叶圣陶先生是怎样的人？学生阅读课文第二部分。

师小结：是啊，一个蜚声国内外文坛的伟大文学家，能如此亲切地与一个15岁的中学生促膝长谈，像朋友更像亲人，此时，作者心里又有怎样的感动呢？学生齐读："心被融化了"（板书：平易近人、平等待人、关心少年的成长）

（四）难点解读，感悟语文

师：课文几个地方写了爬山虎？

> **幻灯片出示句子：**
>
> 刚进里院，一墙绿葱葱的爬山虎扑入眼帘，使得夏日的燥热一下子减少了许多，阳光都变成绿色的，像温柔的小精灵一样在上面跳跃着，闪烁着迷离的光点。
>
> 我一眼又望见院里那一墙的爬山虎，黄昏中绿得沉郁，如同一片浓浓的湖水，映在客厅的玻璃窗上，不停地摇曳着，显得虎虎有生气。
>
> 在我的眼前，那片爬山虎总是那么绿着。

理解感悟句子。

（1）师点拨：这一年暑假，语文老师找到"我"，说："叶圣陶先生要请你到他家做客。""我"感到意外：像叶圣陶先生这样的大作家，居然要见一个初中学生！此时再来读一读这个句子："刚进里院，一墙绿葱葱的爬山虎扑入眼帘。夏日的燥热仿佛一下子减少了许多，阳光都变成绿色的，像温柔的小精灵一样在上面跳跃着，闪烁着迷离的光点。"你感受到了什么？

师：你是从哪个词语感受到的？

师：作者借景抒情，那一片绿里跳跃着、闪烁着他的那份高兴、那份激动。

（2）师点拨：那如果你们是早晨八九点钟的太阳的话，那落日的余晖实际是暗指谁？那文章中落日的余晖照耀的爬山虎指什么？

师：从这处描写中你又感受到了什么？是啊，是叶圣陶先生的教诲和鼓励，使我写作的信心更加坚定了。

师总结：作者两次借景抒情，写出了自己见到叶圣陶先生的喜悦和激动，写出了沉甸甸的收获和自己美好的憧憬。课文结尾写道："在我的眼前，那片爬山虎总是那么绿着。"你现在知道为什么那片爬山虎总是那么绿着了吗？

那片绿绿的爬山虎给肖复兴带来了无穷的动力，在他日后的成长中，他始终牢记叶圣陶先生的鼓励，不断努力，取得了很大的成就。他感激叶圣陶先生，怀念叶圣陶先生（板书：攀登、作家、怀念叶圣陶先生）。

深情诵读课题，再次升华感情。

师：多年过去了，作者始终难忘叶圣陶先生对他的教诲，一想起叶圣陶先生，他仿佛又看到了那片绿绿的爬山虎，这份绿色已深深地融入他的生命。请带着你的这种感受再次读一读——那片绿绿的爬山虎在我眼前，那片爬山虎总是那么绿着。

（五）作业设计，积累运用

（1）抄写课文中优美的句子。

（2）用修改作文的方法，修改你的一篇作文。

（3）到图书馆借阅肖复兴的作品《那片绿绿的爬山虎》。

（六）板书设计

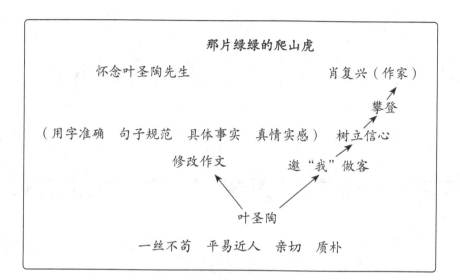

第三节 聋校沟通与交往课程开发

河源市博爱学校"沟通与交往"校本课程成果简介

一、课程目标

通过语言实践、交往体验、社会参与、合作共享过程的实施，使聋生初步学会使用口语、手语、笔谈等多种沟通方式，具有在不同情境中与人沟通交往的实际能力，懂得交往的礼仪，养成积极、主动地进行沟通交往的良好态度和习惯，培养聋生良好的个性、健全的人格与合作精神，使其逐步形成正确的世界观、人生观和价值观，为聋生全面发展、终身发展、适应社会、融入社会打下基础。

二、学习主题和活动安排

沟通与交往课程以发展聋生人际交往的沟通应用能力为本位，分家庭、学校、社区（社会）、家乡、祖国五大领域，把人际交往环境、人际交往活动、人际关系、交往礼仪等知识融入这些领域。每个领域有若干个主题，如家庭领域有"我的家人""做家务""家庭活动""做客"等主题单元；学校领域有"我的同学""我的老师""学校生活我自理""社团活动""校运会""快乐的郊游""升国旗""请假"等主题单元；社区（社会）领域有"看电影""逛超市""去快餐店用餐""生日会""请求""逛公园""转述"等单元主题。在单元主题的编排上做到"综合交叉，螺旋上升"。每个主题都有相应的词语、句子、句式、情境对话、小练笔等教学活动。

三、课程实施要求

（1）尊重个体差异，实施个别化教学。聋生听力受损程度不同，认知水平也存在较大差异。教学中应遵循个别化教育原则，绝不能用一把尺衡量所有的学生。要为每个学生量身定制教学方案，把个别化教育理念落实到教学目标、课堂训练、课外辅导、评估各环节当中。

（2）强化口语，说写并举。在沟通交往能力发展的过程中，聋生的口语、手语、书面语能力都应得到发展。应重视强化口语，以帮助聋生建立语音思维，掌握汉语有声语言体系，促进聋生书面语言的形成与思维能力的发展。口语的清晰度因人而异，不要因为过度强调正音让聋生失去了沟通的兴趣，失去了交际的信心。教师应该加强对学生笔谈能力的训练。

（3）创设交际语境让学生学习。教师应在课内创设更多的情境，或带领学生在真实的语境中去学习，让学生有机会运用学到的语言材料，提高语言的应用能力，体验语言交际魅力。

（4）整合教学资源，重视家长、家庭和社区的参与。教师应整合各种教学资源，充分利用现代信息技术设备，开发网络资源，为聋生提供多种沟通交往的平台，促进聋生沟通交往能力的发展。

（5）坚持育人为本，践行社会主义核心价值观，注重中华民族礼仪文化传统教育，培养学生的民族自豪感。

四、课程评价

（1）根据学生能力，采取多元评价方式，对学生的口语（看话、听话、说话）、手语、笔谈、现代信息沟通等进行全方位评价。

（2）形成性评价与总结性评价相结合。日常教学中的评价，以形成性评价为主，关注学生在学习过程中的表现与进步，关注学生的沟通兴趣程度、参与热情、理解能力、表达能力、沟通技巧的掌握、学习活动效果。总结性评价着重考查聋生综合运用沟通与交往方法的能力，包括语言技能、沟通技能、情感态度、学习策略和文化意识等。

（3）评价方式和评价时间以教学内容和学生差异而定。

聋校"沟通与交往"校本教材开发与设计思路

一、开发"沟通与交往"校本教材的起因

沟通与交往是人类的基本活动，沟通与交往能力是一种基本的生存能力。聋人听觉损伤，导致语言发展障碍，这严重影响了他们与主流社会的沟通与交往，影响了他们生活的质量。2007年，我国《聋校义务教育课程设置实验方案》中增设了沟通与交往科目。可见，培养聋生的沟通与交往能力，已经成为聋校教学的重要任务。然而在实际教学中，沟通与交往科目却存在着无本可依的困境。我校一直沿用1997年的人教版《语言训练》教材，然而聋生交际能力的提高情况并不尽如人意。学生的词汇量异常贫乏，缺乏沟通技巧，缺乏沟通的积极态度和情绪，越到高年级就越不愿交际。为促进聋生语言教学课堂的高效性，保证新课程的有效实施，我校决定从课程改革入手，开发沟通与交往教材，构建以促进聋生沟通与交往能力发展为核心的学习内容系统，为聋生提供专门、系统的学习沟通技能的机会，帮助聋生学习沟通与交往的知识和方法，有目的、有计划地提高聋生的沟通与交往能力，以此帮助聋生克服听觉损伤带来的沟通困难，满足聋生沟通交往能力发展的需要。

二、"沟通与交往"校本教材设计思路

沟通能力是一种综合能力，它包括健康的心理、一定量的语言材料储备、

对语言的理解和表达能力、基本的社会适应能力等。鉴于此，教材的编写遵循听力障碍学生身心发展规律和学习语言的特性，以学生认知能力发展和人际交往需求为主线，以学生的沟通交往素质和能力发展为目标，进行课程内容的设计与选择，使学生能够通过多元沟通交往途径，准确地理解和表达，在沟通与交往的实践中，形成良好的人际关系，积极地融入主流社会生活。

从这个原则出发，笔者从课程目标设计和课程内容设计两个方面提出自己的看法。

（一）目标设计：分阶段、分层次，形成发展梯级

沟通与交往课程作为聋校新增设科目，要求在小学1~6年级开设。从沟通交往的角度看，在六年的课程学习过程中，沟通的内容、环境、范围都会发生很大变化，而沟通技巧、策略的运用也逐渐复杂。面对这样一个必定发生的重大变化，在整体设计的前提下，我们对科目目标应该分阶段、分层次地提出，以适应聋童的发展，具体如下：

低年级（1~2年级）：学生的交往范围常常是家庭和学校，交往对象是家长、亲人、老师、同学。这时候主要是让学生积累学习及生活中的词汇，认识自我与家庭成员、学校师生的关系，懂得家庭和学校生活中基本的礼貌交往并乐于表达，培养学生爱家、爱校的感情，帮助学生奠定良好的沟通交往的基础。

中年级（3~4年级）：学生的社会适应能力在增强，他们的沟通交往能力在生活实践中得以发展和提高。此年级段，在让学生关注自己生活的同时，以点带面，扩大范围，让学生掌握社区生活中的交往技能，通过沟通解决生活中遇到的一些困难，开始关注自己的家乡；激发学生热爱家乡的情感。

高年级（5~6年级）：学生的生活圈子进一步扩大。这一阶段应让学生掌握社会交往的知识及礼仪，能较好地表达自己的意愿，具有较强的独立生活的能力，在生活中遇到困难能求助于他人，能形成良好的人际关系；培养学生热爱祖国的情操。

（二）内容设计：分主题、分形式，形成多元沟通技能

1. 以主题单元为载体

教材内容编排以学生人际交往发展的沟通应用为本位，分家庭、学校、社区（社会）、家乡、祖国五大领域，把人际交往环境、人际交往活动、人际关系、交往礼仪等融入这些领域。每个领域有若干个主题，如家庭领域有"我的家人""做家务""家庭活动""到亲戚家做客""招待长辈"等主题单元；学校领域有"我的同学""我的老师""学校生活我自理""社团活动""校运会""快乐的郊游""升国旗""请假"等主题单元；社区（社会）领域有"看电影""逛超市""去快餐店用餐""生日会""请求""逛公园""转述"等单元主题。在单元主题的编排上，做到"综合交叉，螺旋上升"。也就是说，某一教学内容所包含的社会要素是综合的，所涉及的社会领域也不是单一的，可以交叉；同样的内容在后续年段可以重复出现，但要求提高，呈螺旋上升发展。

2. 以发展多元沟通为目的

沟通与交往课程内容应依据沟通交往过程中沟通交往的形式加以组织，充分考虑聋生的个体差异，形成多元沟通技能。我校聋生中，有5%做了人工耳蜗植入手术，经过术后的言语训练，听力及口语水平较高；20%经过学前康复，有口语基础；75%来自农村，未经早期的干预和康复训练，听力损失重度以上。考虑学生的实际，按交流和传递信息的方式，将沟通表达分为手语沟通、口语沟通、书面语沟通、现代信息沟通四类。在教学内容编排上，每个主题都有相应的词语（配手语图示）、句子、句式、情境对话、小练笔。在高年级段设计了微信、QQ、电子邮件、短信交流等形式。书面语交流成为聋生重要的交流方式。比如，在五年级设置的"去拜年"主题中有这样一个场景：春节，王军要去叔叔家拜年，他可以用怎样的方式跟叔叔取得联系呢？学生利用已有的沟通方式提出建议：打电话、发手机短信、用微信或QQ和叔叔取得联系……然后教师设计出各种对沟通方式的训练。

3. 以生活化和实用性为支撑

沟通与交往是一门实践性很强的科目。为了便于学生对本课程的学习和实践，让学生对教材有熟悉感和亲切感，教材在图片素材的选取和情境对话练习内容的编排上，应尽最大努力选取学生日常生活中能见到的、交际中常遇到的场景。例如，学校、社区领域，都是选取本校和学校周围社区的图片。又如，"乘车"主题的内容是从家到学校可以乘坐哪路公共汽车，从学校到河源恐龙博物馆可以选择哪些交通工具、如何换乘等。河源市是全国旅游城市，在编写"家乡"这一领域时，更是资源丰富，教材中有介绍家乡的景点、家乡的特产、家乡的美食、家乡的风俗等内容。这些都是本教材的生活化和实用性的体现。

三、课程实施主要的教学方法

（一）情境教学法

教学中，教师应在课内创设更多的情境，或带领学生在真实的语境中去学习，让学生有机会运用学到的语言材料，提高语言的应用能力，体验语言交际的魅力。沟通与交往校本教材的一个显著特点，就是为学生提供了大量的情境。有一般的交际情境，也有实用的生活情境，如打电话、问路、购物、就诊等。

（二）游戏教学法

教师在教学过程中要想方设法让课堂教学呈现出充分、高效的活力。游戏教学是实现这一目标的最有效手段。通过游戏，不但可以让学生对课堂产生浓厚兴趣，更可以让师生形成良好互动，并很好地发展学生互助合作的精神，促进师生、生生之间的沟通与交往。

（三）说写结合法

说写结合是提高聋生语言运用能力的重要途径。课堂上，教师要对聋生加强听（看）说训练，培养聋生听说能力，使聋生学会聆听、学会看话、学会说话技巧，逐渐形成口头语言思维。聋生说和写往往不能对译，而写又是聋生与健听人沟通的重要方式，因此提高聋生书面语表达能力尤为迫切。鼓励聋生要在说的基础上多正确地写、流畅地写，学习正确遣词用句表达自己的思想。一般每节课应不少于10分钟书面语训练的时间。

四、沟通与交往校本教材教学评价的内容及策略

沟通与交往校本教材在1～6年级试用，为了使其开发更具合理性、科学性，我们采取"月小结，学期中总结，学期末汇总"的方法对聋生在学习过程中各方面的表现进行综合性评价，以及对教师课程实施进行评价，从而有效促地进学生沟通交往能力的发展。

在学生评价方面，为了让评价更加全面，除了科任老师外，课题组老师、行政领导和家长都可以对每个主题单元学生的学习表现（包括兴趣程度、参与热情、理解能力、表达能力、沟通技巧的掌握）、学习活动效果、成果展示做出综合评价。

在教师评价方面，本课程采用多主体、开放性的评价，评价的目的不单是考查学生课程目标的达成度，还有改进教师的教与学，改善课程设置，从而有效地促进学生的发展。在教师评价方面分教师自评和行政评价。教师自评内容有以下几方面：在教学过程中，教师是否以学生为主体，注重沟通技巧、交往能力的培养；是否关注德育的渗透和情感的熏陶；教学方法是否灵活多样，强化口语，说写并举；是否关注学生的个别化差异；等等。行政评价主要是评价教师对参与课程实践的态度、课程内涵的领悟力和课程资源的开发能力。

此外，在评价过程中还应做好下面几点：

一是教师观察记录。教师对学生在日常生活中与他人沟通表现出的情感、态度、能力、行为进行观察，并做记录。

二是作品评价。将学生调查、活动、写话等的作品进行展示和交流，师生共同进行评析。

三是个案分析。教师针对某一听力障碍学生学习的特殊状况进行跟踪评价，有助于教师因材施教和个别化教学。

四是建立学生档案袋。档案袋由教师、家长、学生共同建立，主要是用来反映听力障碍学生在学习方面的表现及他们的兴趣和沟通交往能力等，并辅助学生进行自我反思。

五、应注意的问题

（一）增强学生自信心

在课堂教学中，教师要做到面向全体，不落下任何一个学生，充分照顾到每一个学生的自尊心，利用不断的成功激发学生的自信心。学生发音的清晰度因人而异，不要因为过度强调正音让学生失去了沟通的兴趣，失去了交际的信心。

（二）强化口语

教学中以口语为主，以书面语、手语做辅助，加强言语技能训练。应遵循汉语的基本语法，以帮助学生建立语音思维，掌握汉语有声语言体系，促进学生书面语言的形成与思维能力的发展。

（三）遵循个别化教育原则

聋生听力损失程度不同，认知水平也存在较大差异。教学中应遵循个别化教育原则，绝不能用一把尺衡量所有的学生。要为每个学生量身定制教学方案，把个别化教育理念落实到教学目标、课堂训练、课外辅导、评估各环节当中。

参考文献

[1] 汪飞雪.实施聋校沟通与交往课程的研究 [J].毕节学院学报（综合版），2011（12）：64–67.

[2] 冯萍.留白，给品德新课堂更深远的意境 [J].科学大众：科学教育，2012（8）：79.

[3] 张会荣.如何让英语课堂更有趣 [J].中国科教创新导刊，2009（15）：165.

[4] 陈鹏飞.建立发展性评价体系，促进学生全面发展 [J].素质教育大参考，2003（5）：18–20.

（本文发表于《现代特殊教育》2017年第1期）

聋校"沟通与交往"主题单元结构

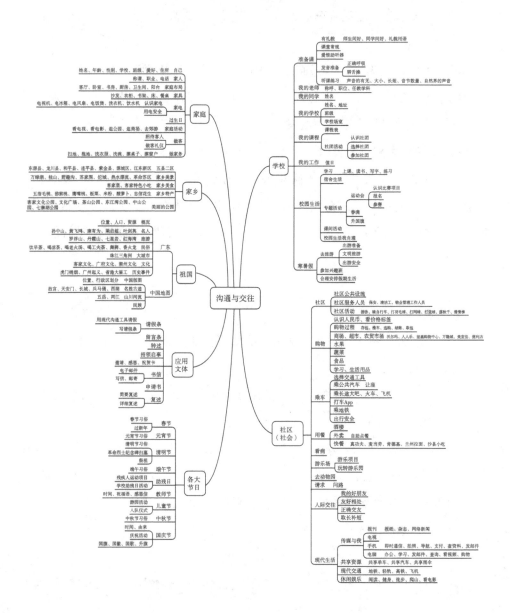

"沟通与交往"校本课程年级目标及教材框架

"沟通与交往"一年级（上册）课程目标及教材框架

主题 名称	课序	课题 名称	学习要求	词语	句型
第一单元：准备课	第一课	开学啦	1.根据语境，辨识和理解常用礼貌语。 2.主动与老师、同学打招呼，会使用礼貌用语。 3.熟悉校园生活		老师好！ 你好！ 老师再见
	第二课	准备上课	1.能听（看）懂自己的名字。 2.上课时可以坐端正。 3.能够认真听课。 4.对看话有兴趣并能主动看话。 5.根据语境，辨识和理解指令性用语，如"来、去、看、坐下"等。 6.能够分清上下课		
	第三课	爱惜助听设备	1.认识助听设备。 2.学会检查助听设备		
	第四课	正确使用助听器	1.学会使用助听设备。 2.知道自己的助听设备没电了，并会更换电池。 3.爱护自己和他人的助听设备		
第二单元：发音准备	第五课	呼吸准备	1.学会用腹式呼吸。 2.针对呼吸力度不足做训练		
	第六课	唇舌操	1.能够正确、熟练地掌握唇舌操。 2.唇舌能够正确地摆位		

续 表

主题名称	课序	课题名称	学习要求	词语	句型
第二单元：发音准备	第七课	听辨练习	1.能够辨别声音的有无、大小、长短、音节数量。 2.能够辨别自然界声音、交通工具声音。 3.能够区分常见的拟声词。 4.在未听清楚或未听懂时，能做出反应		
第三单元：我自己	第八课	自我介绍	1.知道自己的名字、年龄、性别。 2.能向他人介绍自己的名字、年龄和性别	名字、年龄、性别	我叫×××
	第九课	认识男生女生	1.认识男生女生。 2.认识男厕所、女厕所。 3.能够根据自己的性别选择厕所	男生、女生、男厕所、女厕所	我是男生，我是女生

"沟通与交往"一年级（下册）课程目标及教材框架

主题名称	课序	课题名称	学习要求	词语	句型
第一单元：我爱学校	第一课	亲爱的老师	1.认识科任老师，能主动向老师问好。 2.能根据课表的安排在课前准备好课本和学习用品。 3.能说清楚（听明白）课堂常规指令	课程名称和自己的老师	×老师教我们什么
	第二课	亲爱的同学	1.认识班级的同学，会认同学的名字。 2.能看懂同学姓名	同学的名字	他叫什么名字？
	第三课	我的学校	1.知道自己学校的名称。 2.知道学校常见的活动场所	校名、操场、教室、宿舍、食堂、办公室、教室	我的学校是什么。 谁在哪里做什么

续 表

主题名称	课序	课题名称	学习要求	词语	句型
第一单元：我爱学校	第四课	我的班级	1.知道自己在几班。 2.认识教室的设施设备	班级教学设备名称	我是哪班的学生
	第五课	我是小学生	1.认识文具名称，看懂学习用具名称。 2.学会用正确的坐姿书写。 3.学会整理、爱护自己的学习用品。 4.会表述自己一天的学习生活	常见文具名称、读书、写字、上课、做操、吃饭、洗手、值日	谁在做什么
第二单元：我爱我家	第六课	我的家人	1.知道自己家中有哪些家庭成员，并能称呼他们。 2.知道自己与其他家庭成员的关系。 3.看懂家庭成员称谓	家庭成员称呼	你家有几口人？他是谁
	第七课	我家人的职业	知道自己爸爸妈妈的职业	职业名称	你的爸爸是做什么工作的？
	第八课	做家务	1.认识劳动工具，知道在做什么家务。 2.培养爱劳动的好习惯	扫地、拖地、擦桌子、洗碗、擦窗户、洗衣服	谁在做什么
第三单元：快乐的儿童节	第九课	快乐的儿童节	1.知道6月1日是儿童节。 2.能表述游园活动的项目	游园活动名称	六月一日是儿童节
	第十课	入队仪式	1.认识少先队队旗。 2.认识红领巾，学会系红领巾。 3.学会行队礼	少先队员、队旗、红领巾、队礼	我是一名少先队员

"沟通与交往"二年级（上册）课程目标及教材框架

主题名称	课序	课题名称	学习要求	词语	对话话题	小练笔
第一单元：我爱学校	第一课	教师节	1.知道9月10日是教师节。 2.教师节当天会向老师问好。 3.会做贺卡、写祝福语、送贺卡	教师节、贺卡、祝愿、祝福语	教师节的时间	9月10日是教师节。我对老师说："老师，您辛苦了。"
	第二课	学校场室	1.认识学校的功能场室，能看懂学校简单设备、设施名称。 2.了解各个场室的功能。 3.能用"谁在哪里做什么"句式说写句子	学校功能室名称	谁在哪里做什么	我们在律动室跳舞，在图书室阅读，在操场做运动
	第三课	医务室	1.知道去医务室看病的常规流程。 2.能向医务人员正确表述病症。 3.会登记自己从家中带来的药品。 4.知道用药安全	常见疾病	表达自己哪里不舒服	我肚子疼，去医务室看病。老师告诉我吃完饭来吃药
	第四课	学校生活我自理	1.能说出自己能做什么事。 2.培养学生的自理能力	美化教室、打扫保洁区、整理图书角、整理床铺、收拾书桌	谁会做什么	我会整理图书角，我是自理小能手
第二单元：我爱我家	第五课	认识家具	1.认识家具，知道家具的名称。 2.会说自己家有哪些家具	家具名称	谁在哪里做什么	我在沙发上看电视
	第六课	家庭布局	1.知道家庭的布局。 2.知道相对应的家庭布局的功能是什么	厨房、卫生间、卧室、客厅、阳台、书房	谁在哪里做什么	今天，天气很好，我在阳台上晒衣服

续 表

主题名称	课序	课题名称	学习要求	词语	对话话题	小练笔
第二单元：我爱我家	第七课	过生日	1.知道自己的生日是什么时候。 2.能向他人表达生日的祝福	生日快乐、蛋糕、蜡烛、许愿	今天是××的生日，我对他说："生日快乐！"	今天是我的生日，同学们送给我很多礼物，还对我说："生日快乐。"我很开心
第三单元：春节	第八课	春节习俗	1.知道过年的习俗有哪些。 2.能礼貌地招待客人	春节习俗词语	过年的习俗有：放鞭炮、贴春联、吃团圆饭	春节，我们去外婆家拜年。舅舅热情地招待了我们
	第九课	过新年	1.知道新年的祝福语有哪些。 2.知道过新年的活动有哪些。 3.懂得拜年的礼仪,能向不同的人送去春节的祝福	新年快乐、身体健康、万事如意、恭喜发财、心想事成	祝您新年快乐,身体健康,万事如意	妈妈,祝您新年快乐,工作顺利

"沟通与交往"二年级（下册）课程目标及教材框架

主题名称	课序	课题名称	学习要求	词语	对话（笔谈）练习	小练笔
第一单元：我爱学校	第一课	今天我值日	1.知道自己是星期几值日。 2.培养工作责任感	值日生轮流表、扫地、擦黑板、整理讲桌、倒垃圾	A：你是星期几值日？ B：我是星期三值日	星期一是我值日,我要把地扫干净,把黑板擦干净
	第二课	劳动注意事项	1.明确值日生的职责。 2.知道劳动时的注意事项。 3.能用一两句话简单地表述值日工作			今天我是值日生,我早早来到教室把教室打扫干净,把工具摆放整齐

续 表

主题名称	课序	课题名称	学习要求	词语	对话（笔谈）练习	小练笔
第一单元：我爱学校	第三课	认识课程表	1.会看课程表。 2.能说出下节课是什么课，并做好准备。 3.能看懂各学科教师常用的课堂用语	学科名称	看课程表	
第二单元：我爱我家	第四课	认识交通工具	1.认识并看懂常用的交通工具。 2.能根据实际情况表达自己的乘车需求	常用交通工具名称	谁乘坐什么去哪里	星期一早上，妈妈骑自行车送我上学
	第五课	家庭娱乐	1.知道家庭生活有哪些。 2.能用固定句型表达跟家人的活动情况	看电视、逛公园、去郊游、看电影、逛商场	什么时候，谁在哪里做什么	星期六我和妈妈去逛公园，公园里的人真多呀！有的在散步，有的在聊天，还有的在跳舞
	第六课	认识家电	1.认识家电，知道家电的名称。 2.能根据实际情况说出自己家有哪些家电	常用家庭电器名称	介绍家里的电器	我家的家电有电风扇、电冰箱和电饭煲
	第七课	用电安全	1.知道怎样安全用电。 2.知道安全用电的重要性	插座、插头		
第三单元：快乐暑假	第八课	多彩兴趣班	1.知道暑期兴趣班的种类。 2.能根据自己的爱好选择兴趣班	美术班、书法班、舞蹈班、钢琴班、乒乓球班、篮球班	表达暑假要参加什么兴趣班	暑假要来了，我想要报美术班

续 表

主题名称	课序	课题名称	学习要求	词语	对话（笔谈）练习	小练笔
第三单元：快乐暑假	第九课	快乐出游	1.知道旅游要做哪些准备。 2.知道和家人出去旅行的注意事项	准备衣服、准备药品、排队买票、文明出游	表达假期出行计划	暑假来了，爸爸妈妈带我去深圳旅游。我帮忙一起整理衣服和药品。游玩的时候，我跟着爸爸妈妈一起走。我要做一个文明的游客
	第十课	做自律小学生	懂得合理安排假期时间	看书、做运动、练字、按时休息		暑假里我早睡早起，坚持学习、做运动

"沟通与交往"三年级（上册）课程目标及教材框架

主题名称	课序	课题名称	学习要求	词语	对话（笔谈）练习	小练笔
第一单元：社团活动	第一课	认识社团	1.会说写学校社团的名称。 2.能看懂各社团教师常用的课堂用语。 3.激发参与社团的兴趣	学校社团名称	表达学校有哪些社团	用"哪里有很多什么，有什么、有什么，还有什么"句型介绍学校社团
	第二课	选社团	1.能根据兴趣选择社团。 2.能把入社申请书填写完整	入社申请书	表达自己想参加什么社团	用"什么时候，有的人做什么，有的人做什么，还有的人做什么"句型，介绍学校社团活动的情景。我的爱好是跳舞，我想要加入舞蹈社团

续 表

主题名称	课序	课题名称	学习要求	词语	对话（笔谈）练习	小练笔
第一单元：社团活动	第三课	注意事项	知道在社团里的注意事项，知道在社团里应该怎样做			
第二单元：中秋节	第四课	中秋节活动	1.知道中秋节是什么时候。 2.知道中秋节的习俗。 3.了解中秋节的由来和神话传说。 4.能用几句话简单描述中秋节活动的情景	赏月、月饼、拜月、吃团圆饭、嫦娥奔月、吴刚伐桂	介绍中秋节的时间和习俗	用"什么时候，谁做什么，心情怎样"描写和家人过中秋节的情景
第三单元：运动会	第五课	认识比赛项目	1.能说、写运动会比赛项目。 2.鼓励学生报名参加运动会	100米赛跑、50米接力跑、跳高、跳远、扔垒球、掷飞盘	介绍学校运动会项目	用"学校运动会比赛项目有什么、什么和什么"介绍学校运动会的比赛项目
	第六课	我要报名	1.能根据自身能力选择比赛项目并填写运动会报名表。 2.知道比赛时的注意事项	报名表	介绍自己参加哪项运动会项目	描写报名参加运动会的过程
	第七课	参加运动会	1.知道运动会的流程。 2.能用六要素简单记叙运动会过程	国旗方队、鲜花方队、彩旗方队、运动员方队、运动员代表宣誓、裁判员代表宣誓、检录、比赛、颁奖	鼓励同学参赛	用人物、时间、地点、事情起因、经过、结果叙述运动会的过程

主题 名称	课序	课题 名称	学习要求	词语	对话（笔 谈）练习	小练笔
第四单元：去超市	第八课	超市、便利店	能说写河源常见的超市和便利店	大型超市名称	介绍自己在哪里购物	星期六，妈妈带我去××超市买东西。我们买了很多水果
	第九课	果蔬区	1.能正确区分水果、蔬菜。 2.能根据情境表达自己的喜好	常见蔬菜水果数量词短语	介绍自己在超市购买的物品	用"谁在哪里买了什么"的句式说话
	第十课	生活用品区	1.能正确区分生活用品。 2.能根据实际表达自己需求	常见生活用品的数量词短语	请求别人帮忙购买生活用品	我的牙膏用完了，我请孙红陪我一起去买牙膏
	第十一课	零食区	1.能根据自己需求自主选择零食。 2.懂得吃零食要适量，不要暴饮暴食。 3.能用几句话表述购物过程及见闻	常见零食名称	介绍超市的促销活动	今天，妈妈带我去××超市买东西。正好遇上促销活动，超市里的人可多了！我们买了一捆油菜、五个苹果和一袋纸巾。我们开开心心地回家了

"沟通与交往"三年级（下册）课程目标及教材框架

主题 名称	课序	课题 名称	学习要求	词语	对话（笔 谈）练习	小练笔
第一单元：沟通工具	第一课	认识沟通工具	认识常见的沟通工具	手机、电脑、平手写板、电子屏、学习机	请求加QQ好友	今天我用妈妈的手机申请了一个QQ号，我的QQ号是76×××347

续　表

主题名称	课序	课题名称	学习要求	词语	对话（笔谈）练习	小练笔
第一单元：沟通工具	第二课	沟通工具的使用	1.懂得如何使用沟通工具。 2.能根据实际选择沟通工具与人沟通		用QQ视频聊天	我添加××为我的QQ好友，我们约好了星期六回家视频聊天，讨论周末的作业
	第三课	使用沟通工具的注意事项	知道使用沟通工具的注意事项			我们在使用沟通工具时要注意时间，不要长时间使用。在使用时还要爱护它
第二单元：购物	第四课	认识人民币	1.认识钱币的面额。 2.让学生知道要保管好钱	纸币、硬币、一角、五角、一元、五元、十元、二十元、五十元、一百元		表达购物需求
	第五课	购物相关物品	1.认识购物时用到的相关物品，能根据需要选择物品。 2.让学生有爱护物品的意识	购物篮、购物袋、购物车、存包处		表达购物需求
	第六课	会看价格标签	1.认识价格标签，有看商品保质期的意识。 2.培养学生仔细观察的好习惯	商品价格标签，商品宣传单	购买学习用品的对话	我们买东西的时候要养成看保质期的习惯，不要买过期的商品
	第七课	购物过程	1.知道购物的过程，能根据购物的过程写几句通顺的话。 2.知道购物的注意事项，要文明购物	存包、推车、选购商品、排队结账、取包	文明购物的注意事项	运用"先……然后……最后……"句式记叙购物过程

续 表

主题名称	课序	课题名称	学习要求	词语	对话（笔谈）练习	小练笔
第三单元：清明节	第八课	清明节	1.知道清明节是什么时候。 2.知道清明节是我国的传统节日，知道清明节的习俗	清明节、烈士陵园、扫墓、网上祭奠英烈、祭祖、吃艾板	清明节的时间和活动	用几句话介绍清明节的活动
第四单元：去做客	第九课	招待同学	1.懂得去同学家里做客的礼仪，会使用"你好、谢谢"等礼貌用语。 2.正确理解对话的意思，能进行情境对话。 3.体验到同学家做客的意义和乐趣，增进同学间的感情	欢迎同学、整洁、请喝茶、请吃水果	做客的礼貌用语	用几句话记叙做客的过程
	第十课	做客礼仪	1.懂得去别人家做客的礼仪。 2.能把这些礼仪应用到生活中	轻声敲门、请进、阿姨好、阿姨再见		

"沟通与交往"四年级（上册）课程目标及教材框架

主题名称	课序	课题名称	学习要求	词语	对话（笔谈）练习	小练笔
第一单元：社区公共设施	第一课	社区公共设施	1.认识社区公共设施、设备。 2.能看懂社区设施、设备	社区公共设施名称	介绍自己住在哪个小区，小区有哪些公共设施	用几句话介绍小区家设施。学习运用比喻修辞手法
	第二课	服务人员	1.认识并能看懂服务人员的职务名称。 2.了解服务人员的工作性质	保安、花工、物业工作人员、清洁工	介绍你生活的社区有哪些服务人员，他们是做什么工作的	用几句话介绍小区服务人员的工作。学习运用比喻修辞手法

主题名称	课序	课题名称	学习要求	词语	对话（笔谈）练习	小练笔
第一单元：社区公共设施	第三课	社区活动	1.认识并能看懂社区活动的名称。 2.知道社区的活动区域用来做什么	游泳、打羽毛球、打网球、踢足球、打篮球、骑自行车、滑滑梯	邀请同学到小区一起玩	介绍自己在小区的生活
第二单元：国庆节	第四课	时间	知道国庆节的时间	国庆节		1949年10月1日，毛泽东主席在天安门广场升起五星红旗，并向全世界宣告：中华人民共和国成立了！
	第五课	庆祝活动	知道国庆节的庆祝活动	升旗仪式、阅兵仪式、联欢会	介绍学校是怎样庆祝国庆节的	国庆节时，人们通过观看文艺表演、外出旅行、参与游园联欢等方式庆祝祖国的生日
	第六课	相关知识	1.知道我们国家的全称及简称。 2.认识我国的国旗、国歌、国徽。 3.知道国庆节的由来	国旗、国徽、升旗仪式、出旗、敬队礼、全体肃立、义勇军进行曲（国歌）		我爱中国，我爱五星红旗。升国旗时要敬礼、唱国歌、肃立。 国徽由国旗、天安门、齿轮和谷穗的图案组成

主题名称	课序	课题名称	学习要求	词语	对话（笔谈）练习	小练笔
第三单元：美食场所	第七课	快餐店	1.知道常见食物的名称。 2.知道外出就餐如何点餐	常见快餐店名称 常见快餐名称	点餐对话	妈妈带我去沙县小吃吃饭。我们点了一个茶叶蛋和一碗炒饭
	第八课	酒楼	1.知道常见食物的名称。 2.知道外出就餐如何点餐	靓汤、火锅、点心、白切鸡、炒饭、清蒸鱼、白灼虾	点餐对话	酒楼里有各式各样的炒菜、火锅、点心和靓汤，人们在这里可以享受美味、喝茶聊天
	第九课	自主点餐	1.能恰当选择美食场所。 2.知道在美食场所用餐的基本过程。 3.掌握外出用餐时常用的礼貌用语	扫二维码点餐，选择付款方式并提交订单		在一些店里我们可以用手机下载App，选择自己喜欢的食物，方便快捷
第四单元：请假	第十课	请假条	利用请假条，准确书写请假信息	请假、生病、有事		写请假条
	第十一课	用沟通工具请假	正确使用电话、短信、QQ、微信等方式发信息请假	微信、QQ、短信	用手机发信息跟老师请假	请假时要注意以下两点：一是使用正确的称呼；二是请假内容要清楚，如写清楚申请人（请假人）、请假原因及请假时间

"沟通与交往"四年级（下册）课程目标及教材框架

主题名称	课序	课题名称	学习要求	词语、句子	记一记	对话（笔谈）练习
第一单元：让座	第一课	在公共汽车上会主动给老人、孕妇让座	1.在公共汽车上会主动给老人、孕妇让座。2.能使用礼貌用语	公交车上，一位小女孩给孕妇让座。一位老爷爷随着公共汽车的起伏而晃动	公共汽车上让座的场景	让座的对话
	第二课	能使用礼貌用语	让座时能正确使用礼貌用语	排队候车，有序上车。站立时要握紧扶手，以免摔倒。不要把头和手伸出窗外！不要把汽油、爆竹等危险品带入车内！		
第二单元：清明节	第三课	清明节习俗	知道清明节的时间和习俗	2016年4月4日是清明节。踏青、放风筝、荡秋千、吃艾板	（　　）是我国传统佳节清明节。清明节时，人们会踏青、放风筝、扫墓。	清明节时间和习俗问答对话
	第四课	到烈士陵园扫墓	能介绍扫墓活动的过程和感受	辅导员讲话、为烈士默哀、献花圈、献纸花	到烈士陵园祭奠烈士的场景描写	参观革命烈士纪念馆的见闻和感触
	第五课	祭祖	能表达祭祖的过程和感受	铲草、摆贡品、祭拜、上香等	清明节祭祖的场景描写	
第三单元：去游乐场	第六课	常见游乐设施的名称	知道常见的娱乐设施有什么	长隆欢乐世界、过山车、摩天轮、蹦极床、转转杯、海盗船、疯狂的转椅、鬼屋、攀岩、激流勇进、旋转木马、碰碰车	在游乐场游玩的场景描写	你去游乐场里玩什么

续 表

主题名称	课序	课题名称	学习要求	词语、句子	记一记	对话（笔谈）练习
第三单元：去游乐场	第七课	能跟他人分享游乐场活动的经过和感受	能根据自己的实际经历写一篇小练笔		在游乐场游玩的场面描写	介绍自己去游乐场玩了什么，把过程描述具体
第四单元：转述	第八课	会正确转换人称	会正确转换人称	转述	转述的时候要注意以下几点：1.明确转述人和被转述人（转述时要改变人称）。2.转述的内容不变。3.转述时要做到清楚、明白、有礼貌	情境一：放学了，老师让×××转告妈妈星期一到学校领取助学金。情境二：×××把老师的话转述给妈妈
	第九课	会正确转述内容	会正确转述内容			

"沟通与交往"五年级（上册）课程目标及教材框架

主题名称	课序	课题名称	学习要求	词语	对话（笔谈）练习	小练笔
第一单元：社区生活	第一课	地址	1.能知道自己家的地址。2.知道学校的地址	门牌、路牌	你家住在哪里？你知道我们学校的地址吗？	根据自己家的住址填写快件单。用手机填写快件单
	第二课	问路	学会如何问路	指示牌	请问火车站怎么走？请问河源汽车总站怎么走？	议一议，假如你迷了路怎么办
第二单元：应用文	第三课	写信	学会写信	称呼、问候、正文、结尾、具名和日期		请你给你的家人、朋友或者同学写一封信，要求语句通顺，格式正确

续 表

主题名称	课序	课题名称	学习要求	词语	对话（笔谈）练习	小练笔
第三单元：乘车	第四课	用手机App打车	学会用手机App打车	用手机App打车、快车、顺风车	请教如何用手机App打车出行	介绍用手机App打车的体验
	第五课	如何买票进站	学习买票进站的步骤	买票流程	请教如何购票	写一写买票的经历
	第六课	乘地铁	学会乘地铁	购票、地铁卡、安检、乘车、进站、出站	请教如何乘坐地铁	写一写乘坐地铁的经历
	第七课	乘长途汽车、火车、飞机	1.学会乘长途汽车、火车、飞机。2.了解并学习正确的乘车知识	长途汽车、长途汽车票、火车、火车票、高铁、高铁票、飞机、飞机票	商议到北京如何选择交通工具	和同学议一议你第一次乘坐火车的经历
	第八课	买票进站	知道买票进站的流程	购买车票、安全检查、候车、检票进站	请教如何购票进站	和同学分享你去火车站的见闻
	第九课	出行安全	出行注意事项	车站、站外拉客、全程接送	谨慎购票，通过正规的渠道购买车票	议一议：外出时，应注意哪些安全问题？
第四单元：逛公园	第十课	公园真美	1.知道公园的名称。2.能够谈谈自己逛公园的感想	客家文化公园、文化广场、茶山公园、儿童公园、东江湾公园、七寨湖公园	介绍家乡的大型公园	公园的景色和见闻

"沟通与交往"五年级（下册）课程目标及教材框架

主题名称	课序	课题名称	学习要求	词语	对话（笔谈）练习	小练笔
第一单元：家乡美	第一课	五县三区	知道自己家乡的名称，包括五县三区	东源县、连平县、紫金县、和平县、龙川县、源城区、江东新区、河源国家高新区	介绍家乡	我的家乡在河源，有五县三区
	第二课	家乡的旅游景点	1.知道自己家乡的著名景点的名称。2.能主动向他人介绍家乡的景点	家乡著名景点的名称	介绍自己家乡的美景	河源市是全国旅游城市，万绿湖是我家乡的著名景点
	第三课	河源特产	1.知道家乡的特产名称。2.知道家乡著名的特产有哪些	常见的家乡特产名称	介绍自己的家乡特产	河源物产丰富，有___、___和___
	第四课	家乡菜肴	1.了解家乡（河源）的菜肴。2.知道家乡（河源）的常见菜肴名称	常见的家乡菜肴名称	介绍自己喜欢吃的家乡菜	客家酿豆腐的样子和味道
	第五课	家乡特色小吃	知道家乡常见的特色小吃	常见的家乡特色小吃名称	介绍家乡的特色小吃	向同学们介绍你喜爱的小吃，并说说理由
第二单元：人际交往	第六课	我的好朋友	1.知道谁是自己的好朋友。2.了解好朋友的姓名、年龄、家庭住址、家庭电话、个人爱好等基本情况		介绍自己的朋友	介绍好朋友的基本情况

续　表

主题名称	课序	课题名称	学习要求	词语	对话（笔谈）练习	小练笔
第二单元：人际交往	第七课	友好相处	1.知道与朋友友好相处的正确方法。 2.了解与朋友友好相处的方法，懂得团结友爱、互相尊重、互相关爱、分享快乐、诚实守信	团结友爱、互相尊重、互相关爱、分享快乐、诚实守信	询问老师：和朋友闹矛盾了该怎样处理	
	第八课	正确交友	知道怎样选择朋友，懂得在生活中选择合适的人做朋友	谦让、礼貌、乐于助人、诚实守信	介绍如何选择朋友	讨论：陌生人要和你交朋友，你会怎样做
	第九课	取长补短	1.了解朋友身上的优点。 2.理解取长补短的含义，能够学习朋友的长处	吃苦耐劳、积极进取、取长补短		我的好朋友是××，他学习勤奋，乐于助人
第三单元：助残日	第十课	助残日	了解助残日的时间及由来		介绍学校的助残日活动	请你给曾经关心、帮助过你的人写一封感谢信
第四单元：端午节	第十一课	端午节	1.知道我国端午节的时间，并了解它的由来。 2.了解端午节的主要习俗	吃粽子、赛龙舟、插艾叶、戴香包	端午节学习包粽子的对话	写一写端午节的习俗

"沟通与交往"六年级（上册）课程目标及教材框架

主题名称	课序	课题名称	学习要求	词语	记一记	小练笔
第一单元：传媒与我	第一课	报刊	1.能说出身边常见的报刊有哪些。 2.知道去哪里买报纸。 3.了解新型报刊——电子报。 4.能看懂新闻，并学会分享	报刊、河源日报、河源晚报、报刊亭、网络新闻（腾讯新闻、今日头条）	同学们，我们应当选择有益的报刊进行阅读，如《河源日报》《中国教育报》《意林》《读者》等	就一则新闻谈谈你的看法
	第二课	电视	1.了解常见的电视节目。 2.了解我们能从电视上看到些什么，并学会分享	央视、卫视、教育频道、少儿频道、河源电视台、河源公共、河源教育频道、动画片、电视剧、电影、纪录片、综艺节目、音乐会	1.新闻的特点有真实性、时效性、简洁性、可读性和准确性。 2.每天看电视能丰富我们的知识，有利于我们了解社会动态、获取有益的信息，还能帮助我们解决生活中的问题	教师节快到了，请你采访校长，了解学校教师节要举行什么活动并进行报道
	第三课	手机通信	1.了解手机的发展演变。 2.能说出如何合理利用手机。 3.会看图说写一段话	即时通信、查资料、发邮件、拍照、导航、支付	随着时代发展，手机似乎已经成为现代新科技的代名词。我们知道，手机最重要的功能就是打电话，除此之外，还可以看视频、听音乐、玩游戏、进行网络搜索等，手机让我们生活变得更加方便快捷。但是，过度使用手机容易让我们迷失自己，许多人沉迷其中，玩手机成瘾	看图写话：玩手机成瘾的危害

主题名称	课序	课题名称	学习要求	词语	记一记	小练笔
第一单元：传媒与我	第四课	电脑	1.了解电脑的作用。 2.会使用电脑搜索想要的信息。 3.能简单说出如何合理利用电脑	办公、购物、看视频、网络交流、文明上网、沉迷游戏、网址	介绍电脑的作用	看图写话：沉迷网络，长时间玩电脑的危害
第二单元：现代生活	第五课	互联网与生活	1.能具体说出互联网带给我们的生活上的便利。 2.会使用网络解决一些生活上的问题	资讯、网购、点外卖、共享单车、共享雨伞、共享汽车	以共享单车为代表的共享资源渐渐地和我们每个人的生活产生密切的关联，也在不知不觉中改变了我们的生活理念。它们十分便利，倡导绿色出行。但是，它们也会产生很多弊端，如因缺乏管理而导致公共秩序混乱等	请你上网购买一本喜欢的书籍，并写下经过
	第六课	交通与生活	1.能说出现代城市较常用的交通工具有哪些。 2.能大概说说现代交通给人们生活带来的便利。 3.了解并会表达外出如何选择合适的交通工具	地铁、城际列车（轻轨）、火车、高铁、飞机、售票大厅、订票、取票	选择合适的交通工具。除了汽车，现代较常用的交通工具还有地铁、城际列车（轻轨）、高铁、动车、飞机。飞机是一种非常快捷的交通工具，到较远的地方我们可以乘坐飞机	写一写交通工具的多样化给我们的生活带来了哪些好处
	第七课	娱乐休闲	1.能说出现代人们的休闲方式有哪些。 2.了解看电影、到图书馆借书的步骤，并流利地说出来	购票、取票、爬山、徒步、健身、图书馆、借阅图书、看电影	我们去图书馆借阅图书，首先要用身份证办一张借书卡，然后找到想借的图书，拿着书到借书处刷卡借书，接着就可以把书带回家阅读了。我们要注意爱护书籍，看完后记得按时归还	以"愉快的周末"为题，写一篇200字的小短文

主题名称	课序	课题名称	学习要求	词语	记一记	小练笔
第三单元：复述	第八课	认识复述	知道什么是复述，了解复述的分类和方法步骤有哪些	复述的含义，复述的分类，复述的步骤	列出复述提纲，确定重点词语或提出重点问题，然后进行复述。1.按故事情节复述概括。抓住故事情节的开端，明确故事情节的发展，把握故事情节的高潮，看好故事情节的结局。2.按事件起因、经过、结果来概括故事内容。明确事件的起因是什么，了解事件的经过是什么，掌握事件的结果是什么，将此串联起来，也可以概括故事的内容	1.老师讲一段话，请同学们使用复述的步骤，编写提纲后与同桌复述老师的话。2.用同样的方法，一名同学讲一段话，其他同学复述
	第九课	简要复述	1.了解什么是简要复述。2.会简要复述别人的话或者短文。3.在未听懂时，有礼貌地请求对方复述	简要复述是指把你听到或看到的事情简要地叙述一遍，不用全部说出来，能把事件或事物讲清楚即可	抓住重点，把事情讲清楚	简要复述一篇短文
	第十课	详细复述	1.了解什么是详细复述。2.会详细复述别人的话或者短文。3.在未听懂时，有礼貌地请求对方复述	详细复述又称一般性复述，这是最简单、最基本、最接近原材料的复述。它是按照原材料的内容、结构、顺	详细复述要求在读懂文章内容的基础上，具体生动地复述内容	详细复述一篇短文

续　表

主题名称	课序	课题名称	学习要求	词语	记一记	小练笔
第三单元：复述	第十课	详细复述		序把事情原原本本地叙述出来。它并非是对原材料的背诵，它的技巧体现在复述者对语言的组织和加工		
第四单元：文字运用	第十一课	失物招领	1.会阅读失物招领，根据失物招领找到丢失的物品。 2.学会写失物招领启事		招领启事的格式、例文	假设你在小区门口捡到一张身份证，请你按照格式帮失主写一份失物招领，让失主能够找到他的身份证
	第十二课	寻物启事	1.会阅读寻物启事。 2.会根据丢失物品正确写出寻物启事		寻物启事的格式、例文	假设你的学生证丢在了校园内，请你按照格式写一份寻物启事
	第十三课	通知	1.能读懂简单的通知，并与其他人分享。 2.会根据要通知的内容正确写出通知，要求格式规范，内容简洁清晰		通知的格式、例文	由于学校要维修水管，决定停水一天，请你写一份通知，告诉大家今天晚上要蓄好水，以方便同学们用水

"沟通与交往"六年级（下册）课程目标及教材框架

主题名称	课序	课题名称	学习要求	词语	对话（笔谈）练习	小练笔
第一单元：我爱广东	第一课	广东省概况	知道广东的位置、人口、省会	位置、人口、省会	介绍广东的地理位置	1.你心目中的广东是怎么样的？2.广东省的邻居有哪些？
	第二课	广东省主要城市	简要了解广东的主要城市：广州、深圳、东莞、珠海、佛山	广州、深圳、东莞、惠州、佛山	介绍广东的几个大城市	1.你最喜欢哪个城市？为什么？2.你去过广东省的哪个城市？请你介绍一下
	第三课	广东省著名景点	1.了解广东省的著名旅游景点。2.能较详细地向他人介绍一两处广东省著名的旅游景点	万绿湖、罗浮山、七星岩、白云山	介绍广东著名的景点	请同学们向大家推荐广东旅游景点
	第四课	广东省的民俗	了解广东的民俗，以及它们的来源	凉茶、花灯、老火汤、早茶	介绍广东民俗	1.你喜欢哪个民俗，为什么？2.和家人一起进行广东省内游，感受各地风俗民情
第二单元：广东历史	第五课	历史名人	了解广东名人孙中山、康有为、黄飞鸿的个人贡献以及成就	孙中山、康有为、黄飞鸿	介绍广东有名的历史人物	广东省的历史名人有谁？他有什么贡献？
	第六课	历史事件	了解广东重大的历史事件：虎门销烟、鸦片战争、改革开放	虎门销烟、广州起义、省港大罢工	介绍广东的历史事件	1.在历史事件省港大罢工中发生了什么？2.广东的历史事件还有哪些？
	第七课	文化	了解广东的一些地区文化，包括客家文化、潮汕文化、民谣及地方语言	客家文化、潮汕文化、广府文化	介绍家乡的方言	1.广东文化包含有哪几个？2.客家文化包含什么？

续 表

主题名称	课序	课题名称	学习要求	词语	对话（笔谈）练习	小练笔
第三单元：我的国家	第八课	中华人民共和国	了解中国的地图、首都、简称、4个直辖市、23个省、5个自治区和2个特别行政区	地图、首都、简称、直辖市、省、自治区和特别行政区	介绍首都北京	1. 中华人民共和国位于哪里？ 2.中华人民共和国的简称是什么，首都在哪里？
	第九课	民族	知道我国最大的民族是什么，并且了解它的特点及习俗	民族、特点、习俗	介绍自己的民族	我国有几个民族？其中最大的民族什么？这个民族有什么特色？
	第十课	山川河流	了解我国的名山、江河	井冈山、长江、黄河	介绍中国有名的山川河流	我国著名的山峰有井冈山和黄山。有名的江河有长江和黄河
	第十一课	名胜古迹	知道我国的名胜古迹有哪些	故宫、长城、天安门	介绍我国的名胜古迹	我国的名胜古迹有很多，如故宫、长城、天安门
第四单元：文字运用	第十二课	留言条	能写准确表达自己的想法，并且自己动手写一写	留言条、称呼、内容、具名、日期	留言条的格式	星期六，你去图书馆看书。你想把这件事告诉妈妈，正好妈妈不在家，你给妈妈写一张留言条
	第十三课	感谢信	能按照规定格式给他人写一封感谢信，表达自己的感激之情	标题、称呼、正文、揭示意义、落款、日期	感谢信的格式	一封感谢信
	第十四课	贺卡	能按照一定的格式，在贺卡上清晰表达对他人的祝贺	称谓、正文、落款、日期	贺卡的格式	××同学：祝你生日快乐！学习进步！身体健康！

第四节　智力障碍教学研究

培智生本课程建设方案

——以广东省河源市博爱学校为例

一、课程建设背景

（一）学校基本情况介绍

河源市博爱学校是河源市唯一一所招收听障、智障、脑瘫、自闭症及多重残疾儿童，集义务教育、职业教育两个学段于一体的综合性公办特殊教育学校，是河源市特殊教育资源中心、河源市艺术与体育人才培养基地。学校位于东江教育城内，占地面积为30568平方米，建筑面积为21955平方米。校园布局合理、环境优美、功能齐全，建设了200米环形跑道、足球场、篮球场、羽毛球场等运动场地，配置了家政室、模拟超市、烹饪室、律动室、唱游室、感统训练室、语言训练室、自闭症儿童治疗室、心理咨询室等教学、康复功能场室，开辟了果蔬种植劳动基地，为残疾学生提供了良好的学习和生活环境。

2014年，学校开始了智力障碍学生国家课程校本化建设的探索，从关注如何教向关注教什么、教得怎样过渡，对培智教育从教学方法的改革转变到课程体系的重构。在建设课程体系的过程中，我们始终秉承"让每一个学生都获得关爱和发展"的理念，以"建特教爱心家园，助残障孩子圆梦"为办学目标，坚持"教育康复、德艺双馨、习得技能、残而有为"的育人目标，本着"感恩、博爱、平等、互助"的校训，经过8年的探索与沉淀，形成了"以学生为本位，以生活为核心，以生长为主线，以激扬生命为宗旨"的生本课程特色。学校先后被授予广东省依法治校示范校、广东省安全文明校园、广东省语言文字规范化示范学校、广东省中小学心理健康教育示范校、广东省少先队红旗大队、广东省五四红旗团支部、河源市园林式A级单位等荣誉称号。

（二）学校课程建设现状

1. 生本课程是国家课程高质量实施的要求

2016年，教育部颁布了《培智学校义务教育课程标准（2016年版）》，该课标在"课程资源开发与利用建议"中指出：培智学校应积极开发地方教材，促进学生适应当地的社会生活；应充分利用家庭、班级、校园、社区等资源，让学生体验生活、感受生活并为学习打下基础。新课程授予了学校和教师更大的主动权，校本课程开发已成为培智学校研究的热点，也是当前培智教育工作者的使命。

2. 生本课程是我校内涵发展的必然选择

我校在2014年之前实行传统的分科教学，教师以教科书作为唯一的教学载体，课堂上注重知识的传授，没有做到以生活为核心。智障学生受其认知发展限制，迁移能力差，很难像普通学生那样接受知识，而且无法将知识运用于生活。传统的分科课程没能兼顾到学生的差异性，一些多重障碍或重度智障的学生往往被忽视。2014年，我校开始探究跨学科统整主题教学，教师在教学中试图打破学科界限，以解决学生生活问题为导向进行授课。由于主题统整教学缺乏课程的顶层设计，而且没有和国家课程相统一，学生对知识的习得缺乏系统性，知识的接受呈碎片化，能力较强的学生"吃不饱"。目前，与新课标配套的我国培智学校部编版教材只有生活语文、生活数学、生活适应三门学科，其他劳动技能、唱游与律动、绘画与手工、运动与保健只有课程标准，没有相应的教材，教师上课无本可依，学校亟待建设适合学生发展的系统的校本课程。

3. 生本课程能满足培智学生的发展需求

随着特殊教育的发展，培智学校的教育对象发生了重大变化——多重、重度残疾学生越来越多。教育对象复杂的发展需求使学校课程实施面临着严峻的挑战。生本课程从以学科为中心指向以学生为中心，关注学生个体的生活与成长，遵循学生发展规律。课程选取学生常见的生活情境为课程资源，使知识来源于生活，应用于生活。课程内容以主题单元为结构编排，教学以活动为中心，以学生喜欢的活动形式开展，促进学生多感官参与、体验，体现了知识的整合性。生本课程符合智障学生的发展需求。

二、课程建设原则

（一）校本性原则

学校课程的建设，要立足本校实际，教材要充分体现河源特色，把河源的特色文化融入教材，传承客家文化，反映本地的自然资源、人文思想、风土人情、民俗传统等。学校要根据当地文化的独特性和差异性挖掘其潜在的课程资源，使课程具有鲜明的地方特色，以满足学生的发展需要。

（二）个别化教育原则贯穿始终

个性化教学是在尊重学生个性的基础上，以学生为中心、真切关照每个学生的潜能开发、个性发展的教育。在课程的建设中，为了创设最有利于每个学生发展的环境，教师要针对每个学生的个别差异进行教育，在课程教学目标的制定、教学方式的选择、教学效果的评估等环节，采用分层次、个别化等差异化教学手段，以更好地兼顾智障学生的差异性，服务每一个学生的发展。

（三）协同性原则

课程建设和实施涉及学校师生、家长、社会等方方面面，要充分发挥各方资源，让集体的力量最大化。课堂教学采用协同教学，以更好地兼顾学生学习能力的差异性。

（四）科学性原则

以《培智学校义务教育课程标准（2016年版）》为依据，科学合理地制定课程目标，统筹规划课程内容、实施方式和评价，体现新课程改革的精神。

（五）生活化原则

课程的编制建设应致力于智障学生对相关知识能力的融会贯通与综合运用，让学生获得完整的体验，同时以生活为核心，把课程与智障学生所处的环境和个人的特殊需求、个体经验联系起来。

三、课程建设目标

（一）总体目标

学校根据学生的身心状况及预期发展，确立三级培养目标。

一级是生存性目标：培养学生融入家庭、融入社区的基本能力。

二级是自立目标：培养大部分中度以下智障学生掌握一定的劳动技能，使学生通过参与社会成果的生产或创造，获得一定的生存质量。

三级是发展目标：要求部分轻度智障学生具有较强的融入社会的能力，掌握多种劳动技能，为高中后教育打好科学文化基础和道德心理基础，进而使学生获得较高的生存质量。

（二）具体目标

1. 知识与技能目标

（1）掌握培智义务教育阶段文化课所需要习得的基本知识。

（2）掌握2项运动保健技能和1项艺术休闲技能。

（3）掌握适应生活、社会以及自我服务必备的技能。

（4）掌握2~3项谋生的职业基础技能。

2. 过程与方法目标

（1）具有适应终身学习的基本方法和策略，学会分析和处理生活中常见的问题和事务。

（2）具有收集、处理和运用信息的基本方法和能力。

（3）具有与人沟通交往、团队合作的方法和能力。

3. 情感态度与价值观目标

（1）具有初步的爱国主义、集体主义精神，热爱祖国、热爱家乡、保护环境。

（2）具有初步的社会公德意识和法制观念，诚实守信。

（3）具有乐观向上的生活态度，能友善待人。

（4）养成健康的行为习惯和生活方式，积极参加体育锻炼。

（5）热爱劳动、吃苦耐劳，初步形成敬业奉献精神。

四、课程体系建设与实施

（一）生本课程结构与内容

围绕学校的办学目标、办学理念，在国家课程标准指引下，我校开始构建河源市博爱学校生本课程体系。生本课程遵循"以学生为本位，以生长为主线，以生活为核心，以激扬生命为宗旨"的原则，培养自强自立、适应生活、服务社会的好公民。课程内容包括两个层面：国家课程，主要探索一般性课程的校本化实施；校本课程，包括校本选择性课程、校本展能课程、校本综合性课程。选择性课程主要目标是身心康复和职业准备，展能课程主要目标是探究学生潜能的开发，综合性课程主要目标是学生社会化的实践活动。如下图所示。

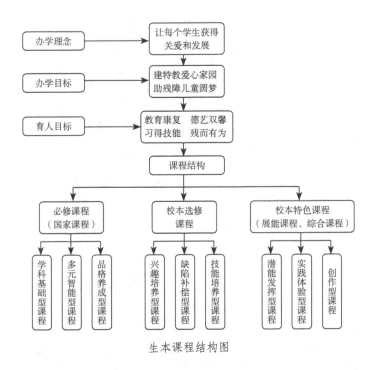

生本课程结构图

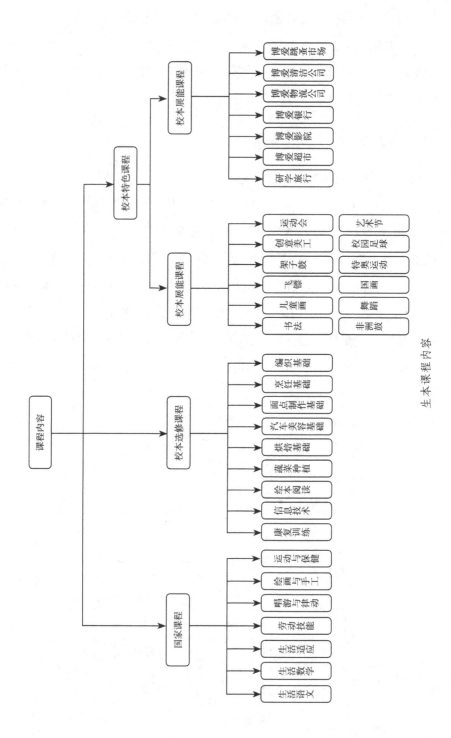

生本课程内容

（二）生本课程实施

1. 生本课程设置

生本课程立足于智力残疾学生的发展需求，根据国家课程设置的原则，注重以生活为核心的思路，基于残疾学生的需求和特点，整体设计了国家一般性课程、校本选择性课程和校本特色课程的九年义务培智教育课程体系。国家一般性课程的设置按国家要求占总课程的72%，校本选修课程占总课程的14%，校本特色课程占总课程的14%。基于残疾学生适应生活、适应社会的基本需求，以及学生个体发展差异，两类课程的比例可根据实际情况进行适当调整。

2. 生本课程实施

课程实施是决定课程改革成败的关键环节，课程实施策略与模式对课程实施的意义重大。为尊重学生身心发展规律、关注学生个体差异性，课程实施通过以生活为核心的个别化教育，实施支持性策略、实践性活动和综合性活动，为每一个学生提供最合适的教育，以提高学生的生活质量。课程实施如下表所示。

生本课程安排表

单位：课时/周

课程门类		年级与课时								
		低年级			中年级			高年级		
		一	二	三	四	五	六	七	八	九
国家课程	生活语文	4	4	4	3	3	3	3	3	3
	生活数学	2	2	2	3	3	3	2	2	2
	生活适应	4	4	4	4	4	4	1	1	1
	劳动与技能	2	2	2	2	2	2	4	4	4
	唱游与律动	2	2	2	2	2	2	2	2	2
	绘画与手工	2	2	2	2	2	2	2	2	2
	运动与保健	2	2	2	2	2	2	2	2	2
	班会	1								
	大课间	3								
	少先队活动	1								

续　表

课程门类		年级与课时								
		低年级			中年级			高年级		
		一	二	三	四	五	六	七	八	九
校本选修课程	康复训练	6～9								
	信息技术	—	—	—	—	—	—	2		
	绘本阅读	1								
	蔬菜种植	每天早操前或大课间								
	烘焙基础	—	—	—	—	—	—	1		
	汽车美容基础	—	—	—	—	—	—	1		
	面点制作基础	—	—	—	—	—	—	1		
	烹饪基础	—	—	—	—	—	—	1		
	编织基础	—	—	—	—	—	—	1		
校本展能课程	书法	3								
	儿童画	3								
	飞镖	3								
	架子鼓	3								
	创意美工	3								
	非洲鼓	3								
	舞蹈	3								
	国画	3								
	特奥运动	3								
	校园足球	3								
校本综合课程	研学旅行	一学期1次								
	博爱超市	1								
	博爱影院	每月1次								
	博爱银行	1								
	博爱物流公司	每天下午2：20—2：50								
	博爱清洁公司	每周2次，早餐后								
	博爱跳蚤市场	一学期2次								
学生在校总课时		29								

（三）教学建议

教学实施是指教师依据学校的教育目标、课程内容以及学生的个别化教育计划，结合学生的需求及学习特点，选择合适的教育方法，对学生进行系统的、有效率的、有组织的教育过程，并进行教学评价。

1. 尊重学生个体差异，实施个别化教育

学生因个体差异大，学习起点、方式和能力存在显著的差异。教师应公正地对待学生的差异，通过评估了解学生的学习特点，找到每个学生的学习起点和最近发展区，通过对个案的综合分析，确定教学目标、教学内容和教学重点，选择合适的教学策略与方式，并据此实施个别化教育。教师应采取主教与助教协同的教学模式，注重课前协同备课、课中协同教学、课后协同反思与跟踪；注重集体教学、小组教学与个别教学相结合，以适应学生个性化的学习需求，促进每一个学生不同程度地发展。

2. 注重以生活为核心，实施综合实践活动

生本课程致力于让学生学会生活、适应社会、提高生活品质。教学中，教师要充分挖掘本土生活习俗、地方特色、家庭环境、校园环境、社区环境等生活资源，通过校园工作坊、外出实践活动等方式实施教学，提高学生利用学科知识和技能解决生活问题的能力。

3. 注重潜能开发，提供支持性策略

生本课程注重学生的潜能开发，实施中，教师要充分结合本土文化特色，利用现有资源营造良好的学习环境并提供支持性策略，通过展能培养，让学生陶冶艺术情操、丰富生活、改善情绪，促进学生身心健康发展、动作协调发展。

五、课程组织、管理与评价

（一）课程组织

1. 建立管理机制

成立课程建设队伍，建立学校课程组织管理机制，由上至下明确分工与职责，落实责任制，以保证课程的有效实施。

2. 做好课程实施

课程的实施及过程管理由学校教务处、教研组直接负责，相关负责人要做好监督和指导，确保课程实施达到预期的效果。

3. 做好课程评价

课程评价主要包括教学指导、学习成效、课程的改进等。对于课程管理的组织、实施，教师要及时反思与总结，以提高课程评价的有效性。

（二）课程管理

1. 组织形式管理

国家课程采用教学班管理方式，校本课程采用走班制、小组抽离、个别抽离相结合的管理方式。

2. 选课管理

国家课程是学生必修课程，校本选修课程、校本展能课程、校本综合课程是根据学生的潜能、兴趣和补偿缺陷的需要等，以及学生的个人需求、家长建议，结合教师的评估建议进行选课。在课程实施过程中根据学生的学习情况可做适当调整。

3. 走班管理

校本展能课程主要采用走班管理。根据学生的能力特点，在年级内实施走班授课，展能课程根据教师专业和学生的大部分需求开设，时间安排为每周3课时。

4. 个别抽离和小组抽离管理

康复训练、蔬菜种植、综合课程主要采用个别抽离和小组抽离管理。在不影响国家课程实施的前提下进行抽离。抽离式管理更加体现学生的个性化需求和教师的个别化指导。

生本课程实施管理如下图所示。

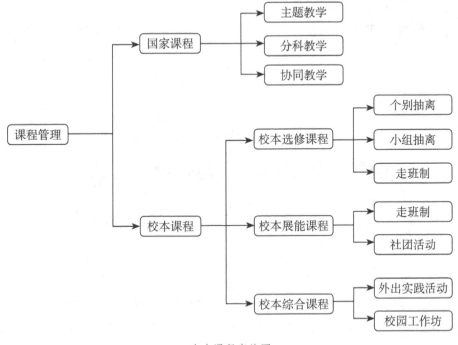

生本课程实施图

（三）课程评价

为了促进学生的个体需求得到全面的满足，提高教师教学质量，本课程注重多元化、科学的课程评价方法，根据培养的目标与学生的能力特点，采用书面考核、访谈考核、观察考核、活动考核、家长评价等多元化的评价方式。评价应充分尊重个体差异，始终坚持生活导向，充分发挥评价的多种功能，以恰当的评价方式，真实反映学生发展轨迹。

（1）书面考核：根据学生的教学目标和内容，制订卷面试题，如计算、书写、阅读等。

（2）访谈考核：通过与学生沟通交流，对学生的学习情况进行了解，如沟通技能、认知理解等。

（3）观察考核：创设真实的情境或在真实的生活情境中，教师与家长通过观察了解学生的学习掌握情况。

（4）活动考核：通过实践活动、汇报演出、展示活动、竞赛活动等，对学生的实践运用能力进行考核。

（5）家长评价：通过与家长沟通了解学生在家庭、社区对知识的掌握和运用能力。

国家课程校本化实施的思考与实践

——以广东省河源市博爱学校生本课程建设为例

2016年，教育部颁布了《培智学校义务教育课程标准（2016年版）》，该标准指出：培智学校应积极开发地方教材，促进学生适应当地的社会生活；应充分利用家庭、班级、校园、社区等资源，让学生体验生活、感受生活，积累丰富的生活经验，增强学生感性认识，为学习生活语文打下基础。将国家课程与学校办学思想、育人目标、办学条件等充分融合，既是国家课程有效实施的有效路径，也彰显了学校的办学特色。

广东省河源市博爱学校围绕"教育康复、德艺双馨、习得技能、残而有为"的育人目标，整合相关领域与活动内容，着力研究校本课程文化和学生实际，找到了校本课程发展的生长点和最近发展区，逐步推进课程改革，建设了教师认同并卓有成效的校本课程，使之更适应本校师生，更有利于促进全体学生的发展。

一、立足课程建设制高点：课程体系重构

课程是学校发展的核心要素和关注焦点，是育人目标能否落地、生根、开花、结果的重要载体。在专家团队的指导下，学校对课程建设进行了顶层设

计，构建了生本课程体系，实现了学校课程教学整体的结构性变革。生本课程以学生为本位，以人的生长发展为主线，以生活为核心，以激扬生命为宗旨，分语言、科学、社会、健康、艺术五大领域，包括三个层面：国家七项一般性课程为必修课程，是学科基础型课程、多元智能课程和品格培养课程，其改革的着力点是学科基础、主题实施；国家五项选择性课程为选修课程，是兴趣培养型课程、缺陷补偿型课程和技能培养型课程，其改革的着力点是医教结合、快乐生活；独立开发的特色课程，是潜能发挥型课程、实践体验型课程和创作型课程，其改革着力点是发展潜能、个别服务。如下图所示。

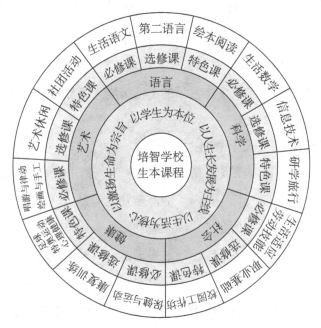

学校培智教学部生本课程框架

二、找准课程实施的突破点：课程内容重构

自2007年《培智学校义务教育课程设置实验方案》颁布实施以来，培智教学整体研究的重心从"怎么教"转移到"教什么"，课程内容成为实践聚焦的核心。课程内容是教学内容的课程层面的形态，它回答了课程目标"应该教什么"的问题，是国家课程校本化实施的突破点。学校从课程内容层面对国家课

程进行了再开发。

（一）对一般性课程进行改编

培智学校部编教材作为国家课程的主要载体，无法兼顾到各个地区、每所学校的实际。智力障碍学生迁移能力差，课程应注重以学生的现实生活为核心、以支持为导向，课程内容应从学生的生活中来，再运用到学生的生活中去。因此，对于国家一般性课程内容，学校应以国家课程标准为依托，充分利用本校、本地区的资源对课程进行改编。

例如，在"家乡"这一主题学习中，我们将河源丰富的自然资源和人文资源知识教学与现实生活结合，编写了"五县三区""家乡美景""家乡美食""家乡特产""家乡公园""客家文化"主题单元的学习内容，在节日主题学习中，把具有地方特色的文化，如春节舞狮、清明节做艾粄、元宵节迎火龙等编进教材中。教师选取学生常见的生活情境为课程资源，让知识来源于生活，应用于生活，让学生爱学、乐学。

（二）对选择性课程进行增补

《培智学校义务教育课程设置实验方案》明确指出：选择性课程是学校根据当地的区域环境、学校特点、学生的潜能开发需要而设计的可供学生选择的课程，有四类科目。除了信息技术和康复训练外，学校为无法进行口语表达的学生增设了基础手语课程，让学生通过手语达到沟通的目的。我们把河源非物质文化遗产，如忠信花灯制作、客家山歌对唱、紫金花朝戏欣赏、和平泥鸭演奏、连平捏泥鸡、连平土陶、源城萝卜粄制作等写进艺术休闲学科教材当中，让学生领略到非物质文化的魅力，传承和发扬传统文化。此外，学校还增设了职业基础课程（如果蔬种植、公共清洁、茶点制作、十字绣等25门课程）供学生选修，为学生适应社会打下基础。

（三）开发校本特色课程

学校秉承"社会是学生的教科书"这一开放办学理念，让学生融入社会，适应社会发展需求，除了开设特奥运动、社团活动等30门体艺类课程外，还开发了"校园工作坊"和"社会实践"系列特色课程。

走进古村落

校园工作坊就是把学校当成生活社区，把社会生活模式引进校园，让学生在校园里认识社会，理解社会，学会参与社会生活。例如，打扫包干区是学生的一日常规工作，在公共卫生清洁课程教学中，我们把公共卫生清洁列入校园工作坊课程，以"保洁公司"的运营模式来教学。公司设有经理、清扫员、洗涤员等职务，学生可以根据自己的意愿和能力竞争相应职位。每个员工有服务范围和具体工作上的分工，公司有规范的奖惩制度。这样不但教给孩子卫生清洁的技能，还渗透了职业服务意识和职业竞争意识。又如，在产品销售课程教学中，学生在职业基础课中掌握了果蔬种植、手工编织、工艺制作、茶点制作等技能，其所收获的果蔬或制作的产品可以在学校展示，通过跳蚤市场售卖，学生可以在商品交易中感受社会生活。销售过程就是知识整合的过程，涉及美工宣传、人际沟通、语言运用、人民币换算、数的计算、成本利润等知识。再如，模拟银行课程让学生认识人民币，知道存储、明白利息、懂得理财。模拟银行还为全校学生评价做保障。模拟银行发行不同面值的代币，用于奖励在活动开展、学科学习、体育艺术等方面表现突出的学生，也可以当作劳动报酬给付出相关劳动的学生。代币制度由各班拟定。学生可以把获得的代币存到模拟银行，也可以到学校模拟银行换取等值的人民币，然后用人民币到学校模拟超市去学习如何购物，还可以到跳蚤市场去采购喜欢的食品。代币评价制激发了全校学生的学习和劳动积极性，深受学生喜爱。

学校还开辟了多种社会实践渠道，社会实践课程更是丰富多彩。社区的超市、菜市场、快餐店、服装店、鲜果店都有我们的定点学习场所。学校与多家知名企业开展合作教学，有酒店、汽修公司、物流公司、超市等。学生走出校门，走进河源各大自然景区认识各种动植物，了解动植物的生长及习性；走进古村落学习客家文化，了解客家人的历史及风俗人情；走进客天下体验农村劳作，感受"锄禾日当午，汗滴禾下土"的艰辛；走进博物馆学习恐龙文化，观察恐龙蛋及恐龙骨骼化石；走进福利院关爱孤儿、老人，体会爱与被爱。

劳动实践

这些将知识学习与生活体验相结合、将能力培养与社会实践相结合、将学科课程与社会课程相结合的做法，能让学生更好地融入社会，让社会更好地接纳培智学生。

三、强化课程实施的立足点：教学模式深度变革

杜威儿童中心论认为，教育必须站在儿童的立场上，并且以儿童为自己的出发点，强调儿童的兴趣和需要，提倡儿童的个人自由和自我表现。培智学校学生由于障碍类型不同、障碍程度各异，其学习需求、学习起点、学习方式与学习能力方面也存在着显著的差异。而"一刀切"集体授课模式，要求学生用同样的学习节奏学同样的学习内容，教师用同样的学习评量方法，显然不能满足每个特殊学生的需求，造成低效率的课堂，甚至无效课堂。以儿童为自己的出发点，实施个别化教学，为每一个学生量身定制个别化教育计划，通过"评估—教学—评估"的循环流程如下图所示，给学生提供适合的教育教学环境至关重要。

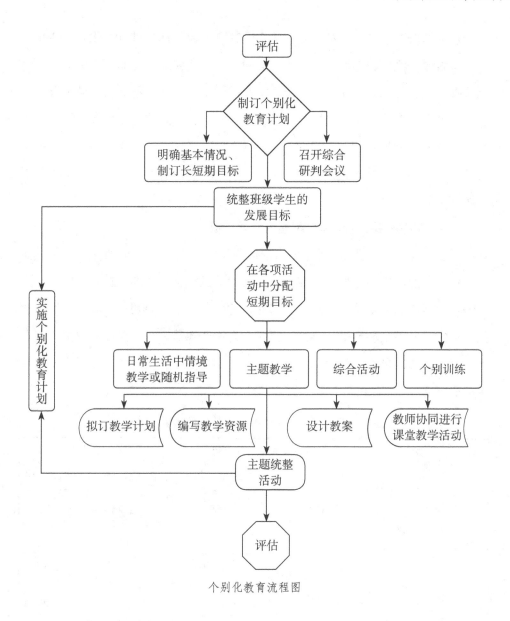

个别化教育流程图

（一）基于国家课程标准的评估

学校、教师要尊重学生的个体差异，通过教育评估，掌握每一个学生现有学习水平和最近发展区，并以此作为教学的起点，通过个案分析，确定教学目标、教学内容和教学重难点，选择合适的教学策略和方式，实施个别化教育。当前，教育诊断的量表很多，要让国家课程标准在学校教育教学中落地，就要结合学校的地域特色、校本资源和学生的特点将课程标准进行细化和具体化，以此作为课程评估的工具，以避免评估和教学实施脱节。例如，生活语文学科应从听、说、沟通与交际、识字、写字、阅读、写话与习作七大领域进行课程评估；生活数学课程评估应从数前概念、数的认识、数的运算、常见的量、图形、统计六大领域着手；生活适应从个人生活、家庭生活、学校生活、社区生活、国家与世界五大领域进行课程评估。评估过程应坚持多元、开放、整体，采用日常观察、访谈、操作、测验、作业分析等方法进行。

（二）在各项活动中科学分配短期教学目标

教学不应仅仅在课堂，而应落实到学生学习生活的各个时段中，教师应抓住一切有利的时机进行教学。在日常生活中随机教学，让学生在真实的情境中去学习，能达到事半功倍的效果。据此，学校将学生的短期目标教学分配到学生一日生活的各个环节中。具体实施原则为：认知目标主要在课堂教学中创设情境完成，沟通目标在实际交际中完成，操作目标在生活实践中完成。下面以生活适应学科"常见的餐具"一课为例进行介绍如下表所示。

生活适应学科"常见的餐具"教学目标学习分配

领域	一级目标	二级目标	三级目标	四级目标	五级目标	教学分配
个人生活	饮食健康	认识常见的餐具，并学会使用餐具，文明就餐	能认识常见的碗碟、筷子、勺子	能说出/指认常见碗碟	说出/指认碗碟、筷子、勺子的名称或图片	生活适应课堂教学
				能说出/比画碗碟的用途	用"谁用什么做什么"句式说话	生活适应课堂教学、用餐时间师生对话教学
				会使用常见的碗碟并文明就餐	使用碗盛饭、使用碟盛菜、使用筷子/勺子吃饭	学生用餐时现场教学、指导家长在家用餐时强化训练

（三）协同教学保障个别化教育的实施

协同教学是指由两个或两个以上教师，依托专业关系共同组成的一个教学团队，教师发挥各自的学科专长，共同设置教学方案，经由不同的协同教学方式，借助各种教学媒体、设施与器材，开展一系列的教学活动，最终交互评价学生表现的教学模式。

"认识图形"教学

学校教师有效开展分工协作。首先，协同教师一起备课，一起设计教案，一起做教学准备。这样可以保证教学活动的质量，也有利于教师间互相学习，提升专业能力。教学中有集体学习、小组学习、个别指导多种教学方式，各种活动和教学空间灵活转换，因此协同教师要做好统筹安排，同时教案中应把协同教师的任务写清楚。其次，协同教师一起授课。下面以讲授"认识蔬菜"一课为例进行介绍。集体学习时，主教负责讲授，助教可以协助播放幻灯片或辅导个别学生。分组学习时，根据每个学生的学习能力进行分组，如生1、2、3认读黄瓜、西红柿、萝卜字卡，生4、5、6认读黄瓜、西红柿、萝卜图片，生7、8用沟通板把"喜欢 我 黄瓜 吃"等词语连成一个句子，生9用"谁爱吃什么"句式写句子，主教负责前两组的教学，助教负责后两组的教学。这样，有利于对学生的辅导和关照，能真正做到面向全体学生实施个别化教育，满足每一个学生的学习需求。最后，协同教师一起对学生做评价，并开始下一个教学活动。协同教学使教师个体变成教学团体，教师增多了，教学能力增强了，教学领域也扩大了，教学质量得到显著提高。

河源市博爱学校国家课程校本化实施七年来，学校教师对课程的认识从模糊到清晰，课程改革的做法从简单走向系统，提升了教师的专业能力，促进了学生的多元发展，形成了学校的办学特色。

参考文献

［1］蒋雅俊.杜威《儿童与课程》研究［M］.福州：福建人民出版社，
　　　2017.

［2］刘迎春."协同教学"的理性分析与实践展望［J］.浙江师范大学学报
　　　（社会科学版），2010，35（3）：113-117.

［本文为广东省教育研究院2019年特殊教育研究专项重点课题"培智学校
生本课程开发研究"（立项批号：GDJY-2019-Ta 20）阶段性研究成果。发表于
《现代特殊教育》2020年第13期］

第五节　个别化教育理念下的协同教学案例

《土豆　黄瓜》教学设计

基本信息	
课题名称 （出自教材、单元、课程名称）	选自校本自编教材《实用语文》第5册第二单元 第4课《土豆　黄瓜》
教学设计理念	

1.教学理念

本节课的整体设计理念是让学生通过语文走进生活，以多种形式的教学活动为载体，遵循教育的基本规律，从学生的实际学情出发，采用合理的教法让学生体验学习语文的乐趣。

2.教学方法

（1）直观教学法：主要通过多媒体课件展示，激发学生的学习兴趣，提高学生的参与度，鼓励学生大胆进行说话练习。

（2）情境教学法：通过模拟布置菜市场买菜的场景，让学生了解如何选购自己喜欢吃的蔬菜，从而突破难点。

（3）实物演示法：利用相关的实物生动直观地展现蔬菜的形态，可以帮助学生理解词语、更好地表达句子

教材分析

《土豆　黄瓜》这篇课文选自学校自编教材《实用语文》第5册第二单元的第4课，主要内容是看图学词学句。本课由4幅插图、4个生词、2个句子组成，学生通过对生字、词语、句子的学习，来认识平时与我们息息相关的事物，懂得多吃蔬菜对身体好。由于学生的表达能力较好，已经掌握了"这是（　　），那是（　　）"的句式，在本节课中，句式学习更改为"我喜欢吃（　　），也喜欢吃（　　）"。

续 表

学情分析
本班共有学生8人，根据学生的观察力、思维能力、言语表达能力及课堂表现，我把本班学生分为A、B两组。A组学生中，张×悦的语言理解能力和表达能力都较强，思维比较灵活，但是课堂表现一般；陈×容的语言理解能力不错，但是思维不够敏捷，偶尔上课会走神，言语表达能力欠缺；王×杰表现得较沉默，接受能力还不错，说话方面需要加强训练；黄×聪识字多，言语表达能力一般，学习主动性也不高，易分心；邓×阳语言表达能力和理解接受能力都较强，但是容易受到情绪影响扰乱课堂。B组学生中，李×翔思维反应较迟缓，注意力容易分散，有时跟不上教师的教学节奏；赖×华的理解能力、表达能力一般，因长期服药会经常打瞌睡；陈×兰理解能力一般，语言表达能力较好，但注意力分散，易受外界影响

教学目标
知识技能目标： A组： （1）能准确说出常见蔬菜的名称。（土豆、黄瓜、茄子、西红柿、大白菜、青菜、萝卜） （2）认识蔬菜的名称，并能将名称与蔬菜联系起来。 （3）学会用"我喜欢吃（　），也喜欢吃（　）"的句式说话。 B组： （1）看图能说出蔬菜的名称。 （2）学会用"我喜欢吃（　），也喜欢吃（　）"的句式说话。 情感价值目标： 培养学生养成爱吃蔬菜的好习惯。 过程与方法： 通过实物演示让学生感知蔬菜

教学重点和难点
教学重点： 认识蔬菜、辨别区分蔬菜。 教学难点： 学会用"我喜欢吃（　），也喜欢吃（　）"的句式说话

教学准备
1.课前准备 教师：多媒体课件、生字字卡、蔬菜实物等教具。 学生：生字卡片、学习用具等。 2.制作希沃课件

	教学过程		
教学环节	教师活动	预设学生行为	设计意图
一、唱游 创设 复习 导入	（一）唱儿歌 让孩子们一起站起来唱跳儿歌《买菜》。 （二）复习蔬菜 （1）看图文说词语。 （2）找词语，读词语（主教负责A组），听音找词语（助教负责B组）。 （3）整体认读词语	学生会跟着老师一起唱游，A、B两组学生均能看图文说出词语。A组学生能自主完成找词语，B组学生能找到词图卡	通过唱儿歌的形式创设生活情境，将4种蔬菜带到课堂。采用这种生活化的情境、儿童化的歌曲，主要目的是引发学生对菜市场的回忆，使教学内容指向生活，面向生活。"找词语、读词语"是想让学生们在充分自主的活动中牢牢记住词语，并初步培养学生自主识字的意识
二、认识蔬菜	认识茄子 （1）看图识茄子 ①让学生看茄子的实物图，初步认识茄子； ②观看"茄"字的字宝宝动画，询问学生如何更好地记住这个字宝宝； ③朗读词语：茄子。 （2）认读词语：茄子 通过齐读、分组读、开火车读的方法让学生认读词语"茄子"。 （分组读和开火车读：主教负责A组同学认读词卡，助教负责B组同学认读字图卡）	（1）聆听老师的话，能看实物进行交流回答。 （2）能通过动画说出"茄"字的记忆方法。 （3）能正确朗读词语	运用实物让学生初步感受茄子，并通过茄子的动画让学生很好地记住茄子
	认识西红柿 （1）看图识西红柿 ①让学生看西红柿的实物图，初步认识西红柿； ②观看"西红柿"的字宝宝动画；	（1）聆听老师的话，能看实物进行交流回答。 （2）能正确朗读词语	运用实物让学生初步感受西红柿

教学过程			
教学环节	教师活动	预设学生行为	设计意图
二、认识蔬菜	（2）认读词语：西红柿 通过分组读、齐读的方式让学生认读词语。 （分组读和开火车读：主教负责A组同学认读词卡，助教负责B组同学认读字图卡）		
	游戏巩固：让学生分组进行找"西红柿"和"茄子"字词或图片的游戏。 （助教负责操作希沃一体机，主教负责检查学生的朗读是否正确，并进行纠正）	学生均能边找边说词语，并能找对	通过游戏更能检验学生能否将名称与蔬菜联系起来
三、学说句子	（一）谈话导入句式 教师通过展示蔬菜的实物图与蔬菜的词语，让学生说一说自己喜欢吃的蔬菜。导入句式：我喜欢吃（　）。 （二）学习句式"我喜欢吃（　），也喜欢吃（　）" （1）由"我喜欢吃（　）"组合成新句式，并朗读新句式。 （2）创设买菜情境，练习用句式说话。 教师通过想知道学生喜欢吃什么蔬菜的小秘密的引导让学生挑选两样自己喜欢吃的蔬菜，并用新学的句式表达出来。此时句式可发散思维，让学生表达：喜欢吃（　），也喜欢吃（　）。 （主教负责下发任务卡，助教负责选购实物。A组学生拓展句式中不一定是蔬菜）	A组学生能较顺利地完成说话训练。B组学生在老师的提示下亦能完成说话训练	学生掌握了各种蔬菜的词语，教师适时组织练习，可以帮助学生更好地理解词语，并且运用所学到的知识适当组织说话。说话教学中教师既要关注学生对句型内容的掌握，又要关注学生说话的发音。适时的句式拓展可以让能力好的学生有更大的发散思维空间

教学过程			
教学环节	教师活动	预设学生行为	设计意图
四、教学小结	今天我们学习了第4课——《土豆 黄瓜》，我们知道了2个新的蔬菜，是西红柿和茄子，又学会了一句"谁喜欢吃什么，也喜欢吃什么"的句子		教师总结可以达到强调重难点、巩固提高的目的
五、作业布置	（1）口头作业：A组学生能用本节课学习的句式把自己喜欢的东西写下来；B组学生能表述自己喜欢的东西。（2）跟家人一起去买菜，并完成任务卡	均能很好地完成作业	让学生能把学习的内容运用到现实的生活当中

六、板书设计

（多媒体展示区）	第4课　土豆 黄瓜 茄子　西红柿 我喜欢吃_____。 我喜欢吃_____。 我喜欢吃_____， 也喜欢吃_____。 学生任务卡 粘贴区

《认识圆形》教学设计

基本信息	
课题名称 （出自教材、单元、课程名称）	选自培智学校义务教育实验教科书《生活数学》一年级下册第二单元个人生活第二课时"常见的餐具——认识图形（二）"

教学设计理念
新课程标准明确提出：动手实践、自主探究与合作交流是学生学习数学的重要方式。因此，我们应通过创设情境、动手操作、自主探索等活动，激发学生学习积极性，帮助他们在活动过程中掌握基本的数学知识与技能，初步培养学生的合作意识和创新意识，以及抽象、概括等能力，进一步发展学生的空间观念。通过学习，提高学生对数学的好奇心与求知欲，让学生初步认识数学与人类生活的密切联系，体验数学活动的意义和作用

教材分析
教材首先通过圆形的餐具，让学生认识圆形，即通过观察和感知实物，使学生认识圆形的特征；然后讲圆形在生活中的地位，进一步加深学生对圆的认识。通过对圆形的认识，培养学生抽象概括能力，发展学生的空间观念。学习本节内容，使学生全面系统地认识圆形

学情分析
本班共8名学生。本班大部分学生相对来说较听话，平时课堂纪律较好，能积极举手回答问题，但是有个别学生表现懒散、注意力不集中、好动、不肯参与学习和活动。学生认知、理解、语言、记忆能力水平差异大，教师根据学生的认知能力和操作能力，将学生分为A、B两组。其中，A组学生4名：庞×佳、何×芳、许×锦、曾×希。A组学生认知水平较高，学习能力较强，语言表达清晰，记忆能力较强。B组学生4名：邱×宇、何×鑫、廖×奇、许×铭。B组学生学习能力稍弱，逻辑思维能力较差，语言表达也较为不清晰

教学目标
A组： （1）学生感知圆形。 （2）学生能在认知、操作和游戏活动中掌握圆形的特征。 （3）学生在周围环境中寻找圆形物品，感知圆形在生活中的应用。 （4）创设愉悦的游戏情节，运用多种感官来调动学生思维和想象能力，发展学生观察能力，激发学生探索的欲望，培养学生的观察力和想象力

续表

教学目标
B组： （1）学生感知圆形。 （2）学生能在教师的提示下说出圆形的特征。 （3）学生在周围环境中寻找圆形物品，初步感知圆形在生活中的应用。 （4）创设愉悦的游戏情节，运用多种感官来调动学生思维、想象能力，发展学生观察能力，激发学生探索的欲望，培养学生的观察力和想象力

教学重点和难点
教学重点： （1）学生感知图形圆形。 （2）在周围环境中寻找圆形物品，感知圆形在生活中的应用。 教学难点： A组：学生能掌握圆形的特征。B组：学生能在教师的提示下说出圆形的特征

教学准备
盘子、希沃课件、学生练习卡、各类物品、家庭作业纸

教学过程			
教学环节	教师活动	预设学生行为	设计意图
一、课前准备	教师进行问好，组织学生课堂纪律	学生进行问好	让学生快速进入课堂，做好上课的准备
二、情境导入	（一）导入 （1）播放视频，学生观看视频。 师：同学们，今天我们来认识一个图形，是什么呢？请看下面的视频，待会儿回答老师的问题。 （2）教师提问。 师：视频已经播放完了。 老师的问题是： ①视频里的是什么图形呢？ ②视频里有什么物品是圆形的？	学生观看视频。 学生回答：圆形	通过视频导入的方式引导学生将注意力集中到课堂上，调动学生学习积极性，同时让学生了解本次课程的内容

教学环节	教师活动	预设学生行为	设计意图
	教学过程		
二、情境导入	（二）导出课题：认识圆形 师：是的，我们生活中有很多圆形的物品，我们今天就来认识一下圆形。刚刚视频中说到了盘子是圆的，今天老师就带来了很多盘子，我们来看看圆形是什么样的	学生积极举手回答：球、硬币、盘子、蛋糕	
三、教授新课	（一）出示餐具实物，认识图形 （1）出示圆形餐具，学生感受圆形的特征。 师：请同学们观察你们手中的盘子，看看圆形的形状是什么样的，再摸一摸盘子的边缘，说一下感受。 （主教负责教导A组学生感知圆形，引导学生说出圆形的特征；助教负责教导B组学生感知圆形，引导学生说出圆形的特征） （2）学生观察餐具，回答问题。 师：同学们，你们手中的盘子都一样吗？大的小的都是圆形。 （3）教师总结圆形的特征。 师：圆形有一条边，而这条边是一条曲线，没有棱角	学生观察餐具，感知物品的形状。 学生回答：圆圆的。 学生回答：边缘是光滑的。 学生回答：没有角	通过感受实物进行教学，学生直观地认识圆形的特征

教学过程			
教学环节	教师活动	预设学生行为	设计意图
三、教授新课	（二）认识各种圆形的物品 （1）了解生活中圆形的物品。 师：我们已经认识了圆形，知道了圆形是什么样的，也知道了圆形的特征。其实圆形在生活中的应用是非常多的，生活中很多物品都是圆形的，我们来看一看都有什么吧。 （主教讲解生活中的圆形物品，助教负责组织B组学生纪律） （2）认识其他圆形物品。 师：除了上面说的圆形物品，生活中还有什么是圆形的？ （3）了解圆形在生活中应用：车轮为什么做成圆形？ 师：刚刚老师给同学们列举了很多生活中的圆形物品，其中有车轮、纽扣等，那同学们知道为什么车轮要做成圆形的吗？ （主教使用教具自行车教导A组学生，学生自主进行操作，主教引导学生说出车轮做成圆形的目的；助教使用教具自行车引导B组学生观察助教操作，感知车轮做成圆形的目的。） 师：同学们，非常棒，那么现在老师来跟同学们玩一个游戏	学生了解生活中圆形的物品，感知圆形在生活中的应用和地位。 学生积极举手回答问题。 （思考、动手操作、感知其应用价值）	教师通过提问的方式，让学生参与到课堂教学活动中，提高学生参与度，激发学生学习兴趣。 让学生明白数学来源于生活也服务于生活

教学过程			
教学环节	教师活动	预设学生行为	设计意图
四、游戏巩固	（一）分一分 （1）教师讲解游戏规则。 师：老师今天不只带来了圆形的餐具，还带来了很多不同形状的餐具，现在老师想将它们分开，同学们帮帮老师好吗？ （2）学生进行游戏。 （主教辅助学生进行游戏；助教组织学生纪律） 	学生了解规则。 学生按教师提示进行游戏。	通过游戏的方式让学生在娱乐中学习，能让学生更好地掌握所学知识。
	（二）分组竞赛 （1）教师讲解游戏规则。 师：我们今天认识了很多生活中圆形的物品，现在老师看看你们是不是都学会了。 （2）学生进行游戏。 （主教辅助学生进行游戏；助教组织学生纪律） 	学生了解规则。 学生按教师提示进行游戏	通过游戏的方式可以让学生加深印象，还可以检查学生对知识的掌握情况

教学过程			
教学环节	教师活动	预设学生行为	设计意图
五、拓展练习	（一）涂一涂 （1）教师讲解规则。 （2）学生进行涂画练习。 （主教协助A组学生找出圆形并涂上颜色；助教协助B组学生找出圆形并涂上颜色） （二）找一找 （1）教师讲解规则。 师：今天我不只带来了圆形的餐具，还带来了很多不同的东西，现在请同学们帮老师把圆形的物品找出来。 （2）学生上台挑选物品。 （主教引导学生找出圆形物品；助教组织学生纪律）	学生了解规则。 学生进行涂画练习。 学生了解规则。 学生上台挑选物品	以课堂练习的方式考查学生对本节课知识点的掌握情况
六、小结与作业布置	（一）小结 教师：同学们，今天我们认识了什么图形？那么圆形有什么特征呢？ 师：圆形有一条边，而这条边是一条曲线，它没有棱角。 （二）对表现好的学生进行奖励 （三）布置作业 出示由圆形拼成的图案，请同学们回去跟爸爸妈妈一起用圆形拼一拼图案	学生回答：认识了圆形	总结本节课学习内容，梳理学生掌握的知识，帮助学生将知识融入生活中。 布置课后作业，让学生进一步巩固本节课所学内容

板书设计
认识圆形

《神奇的五官》教学设计

基本信息	
课题名称 （出自教材、单元、课程名称）	选自人民教育出版社《生活适应》一年级上册，第二单元第5课《神奇的五官》
教材分析	
《神奇的五官》选自人民教育出版社《生活适应》一年级上册第二单元第五课。本节课充分利用实际生活机会，引导学生通过观察、比较、操作等方法，培养发现问题、分析问题和解决问题的能力。五官是人身体的一部分，对学生来说既熟悉又陌生的。本节课教学活动结合学生生活实际，通过游戏、儿歌等教学方式，满足学生探索自我的需要，同时通过活动，使学生了解简单的保护五官的常识	
学情分析	
启智3班共有8名学生，其中智障学生2名，自闭症学生1名，学习障碍学生3名，肢体障碍学生2名。学生记忆力较差，对事物的理解能力较差，认知与语言表达能力参差不齐。根据学生的能力，我将学生分为了A、B两组。 A组：廖×涛、赖×国、王×彬、周×哲 B组：朱×田、吴×勤、陈×文、罗×麟	
教学目标	
知识与技能： （1）学生能够积极、愉快地参与认识五官的活动，在活动中有观察和操作的兴趣。 （2）学生知道爱护五官并学会保护五官的简单方法。 （3）学生知道五官的名称，并了解五官的主要作用。 过程与方法：通过新授和学生操作，让学生掌握本节课所学内容。 情感态度与价值观：树立保护五官的意识，学习保护五官的正确方法	
教学重点和难点	
教学重点：知道五官的位置，知道五官的主要作用。 教学难点：知道五官的主要作用，学会保护五官	
教学准备	
希沃软件、五官分解图、五官拼图、镜子、眼罩、薯片	

教学过程			
教学环节	教师活动	预设学生行为	设计意图
组织教学	学生安静入座后，老师讲明课堂纪律	学生安静地坐在凳子上听老师讲课堂纪律	使学生集中注意力，尽快参与到教学活动中
一、激情导入	（一）身体音阶歌 教师带领学生做身体音阶歌的律动操。 （二）导入视频 师："同学们，通过刚刚的律动操，我们复习了上节课学习的内容'我的四肢'，那你们想知道这节课我们要学习什么内容？我们一起来看看视频吧。"	学生跟随教师做律动操。 学生观看视频后回答教师的问题	通过身体音阶歌，复习上节课学习的内容。 观看视频提高学生的观察力
二、新课讲授	（一）认识五官的名称及位置		
	1.认五官 师："同学们，视频看完了，谁能告诉老师视频里讲了认识什么？五官有哪些？"（师依次出示PPT引导学生读一读） 师小结："我们每个人都有两只眼睛，两只耳朵，一个嘴巴，一个鼻子，一条舌头。" 2.照镜子 师："你们看，这是什么？现在我们一起来照照镜子，镜子里面是谁？现在请你们对着镜子找一找自己的五官。"（引导学生说出五官名称，主教负责A组学生，助教负责B组学生）	生回答：认识五官，如鼻子、嘴巴等。 学生在老师的带领下，照镜子指一指自己的五官。	学习新知的同时，提高学生的观察和自我认识能力。

续 表

教学过程			
教学环节	教师活动	预设学生行为	设计意图
二、新课讲授	3.找一找 师："同学们，你们真棒，都能找到自己的五官，现在老师请你们互相指一指小朋友的五官。" （教师分别请两名学生互指对方的五官。）	两名学生互指五官，其余学生观看	提高观察他人的能力
	（二）通过游戏"贴脸谱"巩固对五官的认识		
	（1）教师在希沃上贴出示人物的脸谱让学生观察："小姐姐的脸和我们的一样吗？你们看看小姐姐的脸上缺了什么？"	学生观察人物脸谱，说出脸谱上少了什么。	通过贴五官巩固学生对五官位置的认识。
	（2）请小朋友操作学具，在小姐姐的脸谱上正确贴出五官的位置。（主教指导A组贴五官，助教负责B组贴五官）	学生动手操作，撕开教师发放的五官贴纸，将其正确贴在脸谱上。	通过撕五官贴纸来锻炼学生手眼协调能力。
	（3）运用律动的《五官歌》帮助学生掌握五官的位置	学生跟着教师一起做律动操	活跃课堂气氛，检验或反馈教学内容
	（三）了解五官的作用和保护方法		
	1.教师提问 师："小朋友们，刚才我们认识了五官，那你们知道它们的作用吗？"	学生根据实际生活中的经验回答	锻炼学生的思考和表达能力

教学过程			
教学环节	教师活动	预设学生行为	设计意图
二、新课讲授	2.五官的作用（主教助教分组教学） （1）师："请同学们排好队，手搭在前一位的肩膀上，我们开火车走喽。"（播放音乐） （2）请学生站好，教师为学生带上眼罩，并依照设置好的情境让学生感受五官的作用并教学生句子。 A组（主教）： 我们用耳朵听。 我们用眼睛看。 我们用鼻子闻。 我们用嘴巴吃。 我们用舌头尝。 B组（助教）： 耳朵听。 眼睛看。 鼻子闻。 嘴巴吃。 舌头尝。 （3）师小结：眼睛看、耳朵听、鼻子闻、嘴巴吃、舌头尝。 （4）律动放松，师播放《认识五官》歌曲，带领学生一起律动。 3.保护五官 师："同学们，我们知道了五官的作用，那你们知道如何保护五官吗？我们一起来看看视频吧！"	学生根据老师提示语做相应的动作并学习句子。 A组： 我们用耳朵听。 我们用眼睛看。 我们用鼻子闻。 我们用嘴巴吃。 我们用舌头尝。 B组： 耳朵听。 眼睛看。 鼻子闻。 嘴巴吃。 舌头尝	设置情境，一方面提高学生的学习兴趣，另一方面让学生在思考、观察的过程中学习。 通过戴眼罩开火车的活动让学生体验身体感官的各种刺激

续 表

教学过程			
教学环节	教师活动	预设学生行为	设计意图
二、新课讲授	师小结： （1）眼睛进沙子了，不能用手去揉，要告诉爸爸妈妈。 （2）不能用手抠鼻子，也不能够把东西塞进鼻子里。 （3）不能学大人戴耳机听音乐，这样会影响听力；在洗澡时，如果耳朵进水了，要告诉爸爸妈妈。 （4）平时不能把东西塞进嘴巴里咬，这样会伤到牙齿和舌头		
三、家庭作业	（1）学生学习正确的洗脸方法，养成良好的卫生习惯，并填写记录卡。 （2）学生回家画出自己或者父母的五官	（1）学生学习正确的洗脸方法，养成良好的卫生习惯。 （2）学生回家画出自己或者父母的五官	（1）活动延伸加强学生本节课所学内容，并帮助学生将所学运用到生活中。 （2）填写记录卡增强家校联系
四、板书设计			

神奇的五官

课件展示区

《美味的爆米花》教学设计

基本信息	
课题名称 （出自教材、单元、课程名称）	《美味的爆米花》自编教材
教学设计理念	
玉米是学生常接触的事物，但是由于认知不够、生活经验不足，他们对玉米的了解仅仅是可以蒸熟了吃，对玉米粒的形态可以有怎么样的变化并没有更深入的了解。本课的设置，既可以引导学生从生活入手，深入了解相关知识，激发学生的想象力与创造力，也可以引导学生挖掘生活中的乐趣，积极思考常见物品的变化，并学习用绘画的形式表现生活，感受生活中的美	
教材分析	
《美味的爆米花》选自绘画与手工五年级自编教材"我爱我家"主题单元，是一节集欣赏性、互动性于一体的美术课。本课通过看、闻、尝、画、折、揉搓、粘贴的方式，调动学生的多重感官来感受爆米花，让学生尝试运用综合材料绘制一幅爆米花剪贴画	
学情分析	
本班共有10名学生，其中男生6人，女生4人。学生绘画能力不一，平时的课堂纪律相对较好，能积极配合课堂教学，存在的问题是个别学生会出现注意力不集中、手部能力较弱的情况。根据学生的认知能力和动手操作能力，将学生分为A、B组。A组学生动手能力和理解能力较好，基本可以完成，课堂作品由主教老师辅导完成；B组学生（又分为B1、B2两组）手部精细动作较弱，课堂作品由助教老师辅助完成	
教学目标	
知识与技能： （1）使学生认识玉米粒的不同形态，了解爆米花的外形特征、味道。 （2）通过看、闻、尝、画、折、揉搓、粘贴的方式，调动学生的多重感官来感受爆米花，让学生尝试运用综合材料绘制一幅爆米花剪贴画。 过程与方法： A组： （1）通过探究学习了解爆米花的造型、口味。	

续 表

教学目标
（2）使用综合材料，运用画、折、揉搓、粘贴、添色的方式独立绘制一幅爆米花剪贴画。
（3）通过学习，锻炼手眼协调和精细动作，提升动手操作能力。
B1组：
（1）通过探究学习了解爆米花的造型、口味。
（2）在老师的指导和辅助下，使用综合材料，运用折、揉搓、粘贴、添色的方式绘制一幅爆米花剪贴画。
（3）通过学习，锻炼手眼协调和精细动作，提升动手操作能力。
B2组：
（1）能够认识爆米花，感知爆米花的口味。
（2）在老师的指导和辅助下，使用综合材料，运用揉搓、粘贴、添色的方式绘制一幅爆米花剪贴画。
（3）通过学习，锻炼手眼协调和精细动作，提升动手操作能力。
情感、态度、价值观：
通过学习和动手制作，发现可以怎样使生活变得更有乐趣，激发学生的创造力与想象力，使学生学会挖掘生活中的乐趣，培养学生热爱生活的情感

教学重点和难点
教学重点：
（1）认识玉米粒的不同形态，了解爆米花的外形特征、味道。
（2）通过看、闻、尝、画、折、揉搓、粘贴的方式感受爆米花，尝试运用综合材料绘制一幅爆米花剪贴画。
教学难点：
（1）用纸巾揉搓"爆米花粒"。
（2）在恰当的位置粘贴相应的材料。
（3）用水粉笔蘸取颜料给爆米花上色

教学准备：教学PPT、干玉米粒、爆米花实物、黑色卡纸、纸巾、胶水、长方形纸片、颜料、红色水彩笔、红色纸条、贴好爆米花纸盒的半成品、爆米花标签、水粉笔、水桶

教学过程

教学环节	教师活动	设计意图
一、激趣导入	设置情境引入课题 师：今天老师给同学们带来了一份小礼物。问：这是什么？你见过它吗？吃过吗？学生自由回答，出示爆米花实物，引导学生说出颜色。展示本课课题并板书在黑板上——美味的爆米花	引导学生探究学习，展示实物激发学生的学习兴趣

教学过程		
教学环节	教师活动	设计意图
二、认识、了解爆米花	（1）播放制作爆米花视频。 （2）教师提出问题：我们通常会在哪里见到或吃到它？学生自由回答（电影院、公园、游乐场）	让学生了解爆米花的演变过程，触发学生的多重感官，对本课内容的教学有很好的促进作用
三、动手操作，体验乐趣	（1）师：看了爆米花的制作过程，同学们是不是觉得非常有趣呢？你们想不想也来尝试做爆米花？ （2）教师出示本课任务： 运用综合材料绘制一幅《美味的爆米花》。 （3）组织学生观看视频，了解制作流程。 （4）展示制作材料： 纸巾、柠檬黄色和中黄色水粉颜料、黑色卡纸、白乳胶、长方形纸片、彩色笔、红色纸条、爆米花标签。 （5）教师示范，学生跟做。 PPT展示分解制作步骤，教师板书在黑板上，主教助教下到小组中分别示范制作。 制作步骤： 取一张白色水粉纸，画出爆米花纸盒的条纹图案。 A组（主教负责）：画出条纹图案，用彩色笔间隔填涂颜色。 B1、B2组（助教负责）： （给B1组学生提供长方形纸片和红色纸条、黑色卡纸、给B2组学生提供粘贴好爆米花盒子的半成品） ①贴出条纹图案，用红色纸条间隔粘贴； ②沿虚线折成纸盒，取一张黑色卡纸，在虚线外涂上胶水，将画好的纸盒粘贴在卡纸上	明确学习任务，了解所需的制作材料，明确制作步骤。 动手操作，体验创作的乐趣

教学过程		
教学环节	教师活动	设计意图
三、动手操作，体验乐趣	③取一张纸巾，用双手揉成小团，以此方法揉出若干小团备用； ④在盒子上方涂上胶水，将纸团粘贴在上面； ⑤用水彩笔蘸取调稀的黄色颜料，点在粘好的纸巾团上，让颜料在纸巾上扩散，完成后再用较小的水粉笔蘸取调得相对浓稠的橘黄色颜料，点在纸巾团上； ⑥将爆米花标签贴在纸盒中央，制作完成	因材施教，根据学生的能力差异提供不同的学具
四、作品展示、评价	开一家爆米花小店：教师展示提前画好的"爆米花售卖车"，请同学们把自己做好的爆米花摆上来	创设情境展示作品，激发学生的课堂积极性，培养学生的创新意识
五、总结	（1）玉米蒸熟后可以是香甜软糯的，晒干后会变成坚硬的玉米粒，用干玉米粒可以做成酥脆可口的爆米花，玉米的变化是多样的。通过这节课的学习使学生懂得：只要我们积极思考，热爱生活，就能让生活变得更有乐趣。 （2）学生与爆米花车合影。 （3）下课后，让学生把手洗干净，根据自己获得的贴纸兑换相应的爆米花	总结本课所学内容，让学生懂得事物可以有各种形态，同时加以拓展，引导学生学会发现问题
六、板书设计		

美味的爆米花

| A组作画 | B1组作画 | B2组作画 | 作画步骤 |

《春天来了》教学设计

基本信息	
课题名称 （出自教材、单元、课程名称）	河源市博爱学校培智生本课程教材一年级下册 第一单元"认识春天" 第一课《春天来了》

教材分析
本课选自河源市博爱学校培智生本教材低年级下册中的第一单元"认识春天"中的第一课《春天来了》。本单元加入融合教育，使学生能够在快乐的音乐氛围中潜移默化地学习知识。《春天来了》这首乐曲简短而柔和，歌词通俗易懂。全曲围绕春天的景色，主要以律动教学为主，情境再现为辅，让学生能在教学中充分感受春天的自然魅力

学情分析
本班是低年级启智3班，一共有10名同学。学生课堂行为规范教育有待加强，学习主观能动性较差，但是对音乐都有着非常强烈的好奇心，大部分学生愿意参与到教学活动中来。 我将本班同学根据学习能力，分为A、B两组。A组学生音乐能力较好，能够主动跟着音乐一起律动表演，节奏感较好。B组学生对音乐课堂很感兴趣，非常愿意参与到课堂教学中，也能够按照教师的指令完成教学任务

教学目标
A组： （1）聆听歌曲《春天来了》，感受春天的自然魅力。 （2）能够完整地跟着音乐一起律动表演，培养肢体协调能力。 （3）能够完整地用奥尔夫乐器沙球演奏歌曲，培养歌曲感知力。 B组： （1）聆听音乐，能够对歌曲《春天来了》做出相应的反应。 （2）能够参与到音乐课堂活动中来

教学重点和难点
教学重点：学生通过歌曲表演，能够感受春天的自然魅力。 教学难点：A组学生能用奥尔夫乐器沙球进行歌曲表演。B组学生能用肢体动作进行歌曲表演

教学准备
多媒体，图卡，奥尔夫乐器沙球

教学过程			
教学环节	教师活动	预设学生行为	设计意图
一、课前律动	播放儿童歌曲《快乐的一天开始了》，一起律动互动表演	学生齐律动	行为规范教育以及课前激趣
二、情境导入	（一）春天在哪里 师：（出示小视频）"请生观察，视频中的同学是谁？在做什么？" 学生回答。 （二）春天的景色 师："春天来了，外面的世界变成什么样子了呢？我们一起来观察一下吧！"（出示校园随拍） 师借此引出课题"春天来了"。主教贴上课题。 （三）春天的花朵 主教实物展示花朵，请学生认识，并进行融合教育，进行1～6的数字认读。（①主教观察学生认读情况；②德育渗透——爱护花草树木，不能随意采摘。）	学生观察并积极回答	培养学生的观察力。 引出校园的美景，培养学生热爱校园、热爱大自然的情感。 通过融合教学，数一数、认一认数字1～6

教学过程			
教学环节	教师活动	预设学生行为	设计意图
三、律动与演奏	师："除了校园美丽的花草让我们知道春天来了，还有哪些能够让你知道这是春天呢？" （1）播放歌曲《春天来了》，请学生仔细聆听，并回答上述问题。 师小结：蒙蒙的细雨、可爱的燕子、粉红的桃花。（做手部动作时，主教要强调律动的力度，助教观察学生的肢体动作，并进行纠正，为后面的表演做铺垫。） （2）律动表演。播放音乐，主教助教示范跳，学生模仿。 （3）主教分解律动动作，助教辅助学生，请学生一起律动表演。 （4）请学生跟着音乐一起律动表演（主教助教观察学生的肢体动作情况，并进行适当纠正。）	请学生聆听歌曲并进行描述。 学生积极反馈。 学生结合图片，跟着老师进行律动表演	培养学生歌唱表演的能力。 培养学生的肢体协调能力
四、拓展表演	小小演奏家 （1）老师准备好奥尔夫乐器沙球，让学生辨别大沙球和小沙球的声音大小。	学生能够在老师的指令下用沙球进行合奏。 学生齐练习。 学生个别表演	培养学生感知歌曲节奏强弱关系的能力。 培养学生的合作精神。 培养学生的表现能力

续 表

教学环节	教师活动	预设学生行为	设计意图
四、拓展表演	（2）用沙球为歌曲配奏。老师掌握好乐器的演奏力度和节奏，请学生跟着音乐一起合奏。（助教准备派发乐器）（3）齐练习。（主教观察学生练习情况，主助教分别协助个别孩子进行练习。）（4）请学生表演（主助教协助学生进行表演。）		
五、课堂小结	师：同学们表现非常棒，请让我们一起用美妙的歌声和优美的舞姿来表演歌曲《春天来了》吧	学生齐律动表演唱	爱护大自然，热爱我们的家园
六、作业布置	和家人一起找春天美丽的景色	回家找父母家人一起进行户外活动"找春天"	增进亲子情感，增加亲子互动

七、板书设计

春天来了

蒙蒙的细雨

美丽的家

可爱的燕子

沉睡的花

粉红的桃花

染红了整片山崖

春天来啦

让我们快乐玩耍

《篮球运球》教学设计

基本信息	
课题名称 （出自教材、单元、课程名称）	本课题选自：广东省教育研究院教研室编广东省中小学教师教学用书《体育》小学三、四年级，四年级机动课第六课内容

教材分析
运球是带球移动的唯一方法，是篮球比赛中个人进攻的手段之一，而运球更是篮球运动中的基础技术。篮球运动的趣味性，不仅能让学生在和谐、平等、友爱的运动环境中减缓学习压力、消除不良情绪，为学生带来情感的愉悦，还能发展学生的协调能力，提高学生的灵敏性。通过篮球运球运动能让每个学生完成本节课运动量和运动负荷

学情分析
本节课教授的学生是启智9班的学生，共11名，分A、B两组，A组学生8人，均为智力障碍学生，他们运动能力较好，对篮球运动也很感兴趣，总体身体素质比较好，模仿动作的能力较强。B组有1名自闭症学生、2名脑瘫学生。其中，自闭症学生服从指令的能力比较差，喜欢跑动和玩手指，脑瘫学生能独立行走和慢跑，精细动作较差

教学目标
（1）技能目标：通过对本次课学习，A组学生掌握单手运球的技术动作，会使用压手腕的动作来提高控球能力，B组学生掌握双手拍球动作，提高协调性及快速反应能力。 （2）认知目标：了解篮球运球的特点和基本规则，体验和感受球性，掌握本次课的训练方法和运球游戏，了解运球技术。 （3）情感目标：体验篮球运球的乐趣，积极参与活动，学会团结、学会竞争，提高适应社会的能力

教学重点和难点
教学重点：A组学生能五指自然张开触球的正上位，B组学生能双手拍球的正上位。 教学难点：用手腕发力压球

教学准备
篮球场，篮球15个，标志圈15个，标志桶15个，呼啦圈15个，杆12个，桶2个

教学方法

（1）讲解法：教师用洪亮精简的语言，帮助学生理解动作的结构、特征和完成动作的顺序，以及动作的时间、空间和用力的特点，了解动作的原理，建立动作的概念，明确动作的关键环节。

（2）示范法：教师以自身完成的动作作为范例指导学生进行学习。动作示范法是体育教学中最常用的直观方法，它在使学生了解所学动作的表象、顺序、技术要点和领会动作特征方面具有独特的作用。

（3）动作分解法：由于学生对连贯动作的理解比较难，本次课采用了动作分解法，利用动作分解教学，使学生更容易学会教师教的动作。

（4）游戏练习法：利用游戏提高的学生的参与积极性，可以有效地激发学生的团队精神以及合作精神。

（5）协同教学法：主教助教分工协作，高效完成教学目标

教学流程				
教学的顺序	教学内容	时间（分钟）	学生活动	组织要求与教法
准备部分	1.课堂常规 （1）教师辅导体育委员组织学生排队，把学生带到操场。 （2）整队，检查人数，队形队列练习。 2.宣布课程内容，强调安全注意事项 3.热身运动 带领学生绕圈慢跑，做拉伸： （1）手腕踝关节运动。 （2）肩部运动。 （3）手部拉伸运动。 （4）腰部拉伸运动。 （5）腿部拉伸运动	10分钟	（1）上课预备铃响，安静有序地到达操场，两列横队集合，按下图队形队列练习，掌握各队报数顺序。 ♀ ♀ ♀ ♀ ♀ ♀ ♀ ♀ ♀ ♀ ♀ ☺　　　　一 （2）安全事项检查：学生是否有身体不适，口袋是否有坚硬物品及是否佩戴其他不适合做运动的物品，助教检查学生口袋。 （3）主教带领学生慢跑5圈，助教指导B组学生做拉伸运动	（1）组织学生成两列横队站列，利用讲解示范法让学生完成列队，助教维持纪律。 （2）整队要求：学生快、静、按主教的口令做动作。 （3）热身运动要求学生跟着主教一起动起来，助教指导动作。 （4）用代币奖励学生。主教及时点评学生动作，助教发放代币

教学流程				
教学的顺序	教学内容	时间（分钟）	学生活动	组织要求与教法
基本部分	1.运球动作分解学习 （1）学生原地蹲下徒手做拍球动作，教师讲解示范动作，动作要求手腕发力主动下压，五指自然张开。 （2）学生一手护球，一手去拍球的正上位，要求结合上一个徒手动作，手腕发力下压，五指自然张开去触球，做拍球动作，A组学生单手运球，B组学生双手运球，教师巡视指导学生动作。 （3）学生蹲着做运球动作，结合上两个动作，要求拍球的正上位置，用五指去控制球的方向，做完整的运球动作。 2.运球练习 （1）学生自然站立，双脚自然开立，双膝自然弯曲，手腕发力下压球的正上位，五指控制好球的方向，做运球练习。 （2）学生运球进行进圈出圈游戏练习：球在呼啦圈内拍5次，然后呼啦圈外拍5次。A组学生单手运球，B组学生双手运球。	20分钟	认真听讲，注意力集中。 （1）原地徒手练习拍的动作，体验用腕关节发力，模仿教师动作，听从教师的指令做相应的动作。 （2）学生用手去拍球的正上位，五指自然张开，力度把控好，不宜过大。 （3）学生一人一个球，蹲下做运球动作，体验用手腕发力去触拍球的正上位。A组学生单手拍球，B组学生双手拍球。 （4）学生站立位拍球，跟着教师口令做运球动作，双脚自然张开，方向控制好。 （5）学生绕圈做行进间运球，绕圈边跑边运球，A组学生单手运球，B组学生双手运球。	（1）学生绕球圈站列，认真学习教师的讲解和示范动作，主教助教相互配合，主教示范，助教巡视指导学生。 （2）以分组的形式教学：A组学生要求单手运球，掌握运球的重难点；B组学生助教负责，要求双手运球，体验运球的快乐。 （3）练习触球的手感，要求按教师的方法去拍球，主教示范动作，学生观察模仿，助教口令提示。 （4）利用讲解法、示范法、动作分解法、游戏法，让学生更快地掌握动作。 （5）对个别学生进行指导教学，主教示范动作，助教纠正学生错误动作。 （6）巡视指导学生动作，主教助教相互配合，及时纠正学生的错误动作。

续 表

教学流程				
教学的顺序	教学内容	时间（分钟）	学生活动	组织要求与教法
基本部分	（3）边慢跑边运球，学生绕圈边跑边做运球动作。 3.运球绕杆投桶练习 （1）A组学生单手运球进行S形绕杆，速度不宜过快，要求把握球的方向，运到指定的地点进行投桶。B组学生双手直线运球投桶。 （2）投桶比赛游戏：学生分两组进行绕杆投桶比赛，要求用本次课运球技术进行绕杆，赢的组可获得代币奖励		（6）学生进行绕杆投桶练习，要求A组学生S形绕杆，绕完杆在圈内进行投桶。B组学生直线双手运球投桶（见下图）。  □ □ ↑ ↑ ↑ ↑ ↑ ↑ ↑ ↑ ↑ ↑ （7）学生分组同时进行运球绕杆投桶游戏，助教引导学生学会游戏竞争规则，参与游戏	（7）代币奖励法，激发学生积极参与，提高课堂效率
结束部分	1.集合 （1）教师响哨，学生集合。 （2）学生分两列列横队站好。	5分钟	学生快速集合完毕，以下图所示队形进行队形队列练习，教师总结，学生认真听讲。 ▽▽▽▽▽▽ ▽▽▽▽▽▽ ★	（1）要求学生，快静齐，听从教师的口令。 （2）学生跟着老师做放松运动。 （3）下课师生说再见。

教学流程				
教学的顺序	教学内容	时间（分钟）	学生活动	组织要求与教法
结束部分	2.总结点评本次课 （1）表扬表现好的学生，鼓励其他同学。 （2）强调易错动作。 3.宣布下课 （1）助教发放代币。 （2）归还体育器材。 （3）组织学生有序回教室		学生模仿教师做充分的放松运动，助教巡视指导学生动作。 学生以下图所示队形有序回教室，队伍整齐，上楼梯靠右走。 ▽▽▽▽▽★	（4）安静、整齐地走回教室
练习密度	20%～30%	运动负荷预算		100～120分/次

第六节　培智学校《劳动技能》课程开发

培智学校《劳动技能》四大领域课程内容

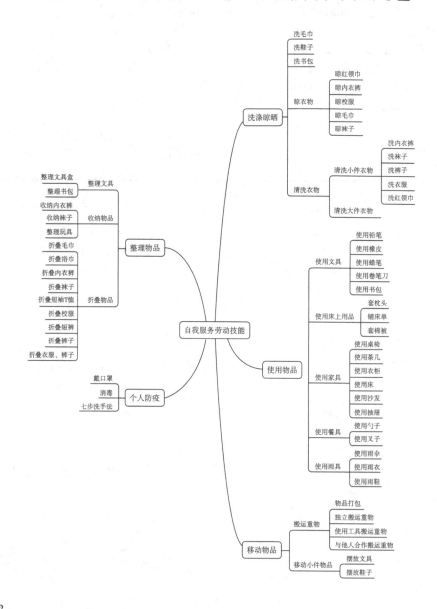

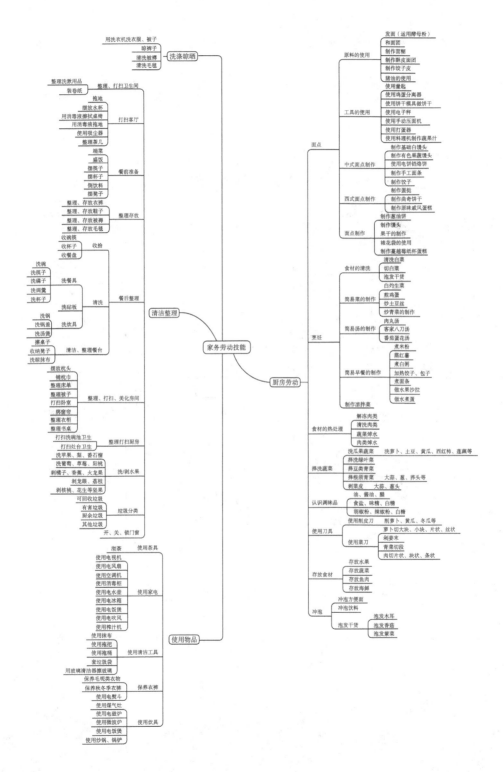

家务劳动技能

洗涤晾晒
- 用洗衣机洗衣服、被子
- 晾裤子
- 清洗被褥
- 清洗毛毯

清洁整理
- 整理、打扫卫生间
  - 整理洗漱用品
  - 装卷纸
- 打扫客厅
  - 拖地
  - 摆放水杯
  - 用消毒液擦拭桌椅
  - 用消毒液拖地
  - 使用吸尘器
  - 整理茶几
- 餐前准备
  - 端菜
  - 盛饭
  - 摆筷子
  - 摆杯子
  - 倒饮料
  - 摆凳子
- 整理存放
  - 整理、存放衣裤
  - 整理、存放鞋子
  - 整理、存放被褥
  - 整理、存放毛毯
- 餐后整理
  - 收拾
    - 收碗筷
    - 收杯子
    - 收餐盘
  - 清洗
    - 洗餐具（洗碗、洗筷子、洗碟子、洗调羹、洗杯子）
    - 洗砧板
    - 洗炊具（洗锅、洗锅盖、洗汤煲）
  - 清洁、整理餐台
    - 擦桌子
    - 收纳凳子
    - 洗晾抹布
- 整理、打扫、美化房间
  - 摆放枕头
  - 铺床巾
  - 整理床单
  - 整理被子
  - 打扫卧室
  - 挂窗帘
  - 整理衣柜
  - 整理书桌
- 整理打扫厨房
  - 打扫洗碗池卫生
  - 打扫灶台卫生
- 洗/剥水果
  - 洗苹果、梨、番石榴
  - 洗葡萄、草莓、阳桃
  - 剥橘子、香蕉、火龙果
  - 剥龙眼、荔枝
  - 剥核桃、花生等坚果
- 垃圾分类
  - 可回收垃圾
  - 有害垃圾
  - 厨余垃圾
  - 其他垃圾
- 开、关、锁门窗

厨房劳动
- 面点
  - 原料的使用
    - 发面（运用酵母粉）
    - 和面团
    - 制作面糊
    - 制作酥皮面团
    - 制作饺子皮
    - 猪油的使用
  - 工具的使用
    - 使用量匙
    - 使用鸡蛋分离器
    - 使用饼干模具做饼干
    - 使用电子秤
    - 使用手动压面机
    - 使用打蛋器
    - 使用料理机制作蔬果汁
  - 中式面点制作
    - 制作基础白馒头
    - 制作有色果蔬馒头
    - 使用电饼铛烙饼
    - 制作手工面条
    - 制作饺子
  - 西式面点制作
    - 制作蛋挞
    - 制作曲奇饼干
    - 制作原味或风蛋糕
  - 面点制作
    - 制作葱油饼
    - 制作馒头
    - 果干的制作
    - 裱花袋的使用
    - 制作蔓越莓纸杯蛋糕
- 烹饪
  - 食材的清洗
    - 清洗白菜
    - 切白菜
    - 泡发干货
    - 白灼生菜
    - 煎鸡蛋
  - 简易菜的制作
    - 炒土豆丝
    - 炒青菜的制作
    - 肉丸汤
  - 简易汤的制作
    - 客家八刀汤
    - 番茄蛋花汤
    - 煮米粉
  - 简易早餐的制作
    - 蒸红薯
    - 煮白粥
    - 加热饺子、包子
    - 煮面条
    - 做水果沙拉
    - 做水煮蛋
  - 制作凉拌菜
- 食材的热处理
  - 解冻肉类
  - 清洗肉类
  - 蔬菜焯水
  - 肉类焯水
- 择洗蔬菜
  - 洗瓜果蔬菜（洗萝卜、土豆、黄瓜、西红柿、莲藕等）
  - 择洗绿叶菜
  - 择豆类青菜
  - 择根须青菜（大蒜、葱、荞头等）
  - 剥菜皮（大蒜、蔥头）
- 认识调味品
  - 油、酱油、醋
  - 食盐、味精、白糖
  - 胡椒粉、辣椒粉、白糖
- 使用刀具
  - 使用削皮刀（削萝卜、黄瓜、冬瓜等）
  - 使用菜刀
    - 萝卜切大块、小块、片状、丝状
    - 剁姜末
    - 青菜切段
    - 肉切片状、块状、条状
- 存放食材
  - 存放水果
  - 存放蔬菜
  - 存放鱼肉
  - 存放海鲜
- 冲泡
  - 冲泡方便面
  - 冲泡饮料
  - 泡发干货（泡发木耳、泡发香菇、泡发紫菜）

使用物品
- 使用茶具
  - 沏茶
- 使用家电
  - 使用电视机
  - 使用电风扇
  - 使用空调机
  - 使用消毒柜
  - 使用电水壶
  - 使用电冰箱
  - 使用电饭煲
  - 使用电吹风
  - 使用榨汁机
- 使用清洁工具
  - 使用抹布
  - 使用拖把
  - 使用拖桶
  - 套垃圾袋
  - 用玻璃清洁器擦玻璃
- 保养衣裤
  - 保养毛呢类衣物
  - 保养秋冬季衣物
  - 使用电熨斗
- 使用炊具
  - 使用煤气灶
  - 使用电磁炉
  - 使用微波炉
  - 使用电饭煲
  - 使用炒锅、锅铲

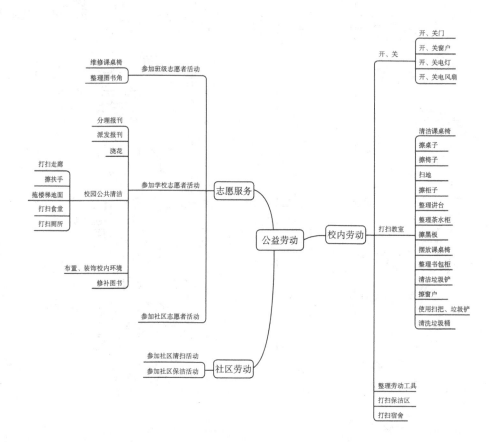

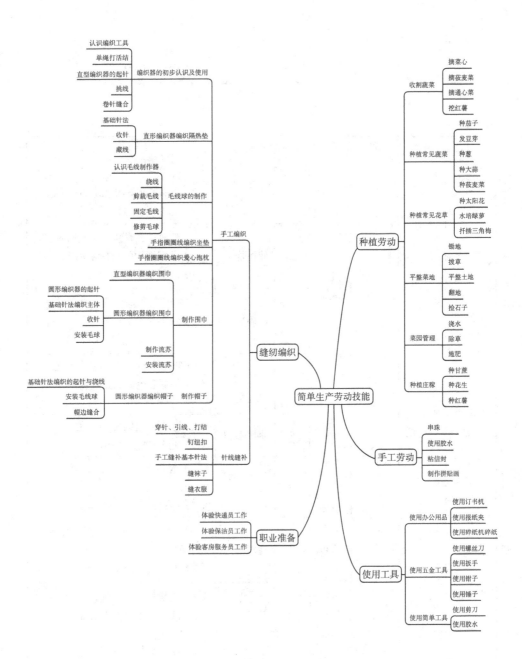

培智学校《劳动技能》课程框架

年级	领域	项目	单元	课序	课题	目标
一年级上册	自我服务劳动	使用物品	第一单元使用文具	1	使用铅笔	（1）知道什么时候需要使用铅笔。（2）掌握铅笔的正确使用方法。（3）能够安全地使用铅笔
				2	使用橡皮	（1）知道什么时候需要使用橡皮。（2）掌握橡皮的正确使用方法。（3）能够安全地使用橡皮
				3	使用蜡笔	（1）知道什么时候需要使用蜡笔。（2）掌握蜡笔的正确使用方法。（3）能够安全地使用蜡笔
				4	使用卷笔刀	（1）知道什么时候需要使用卷笔刀。（2）掌握卷笔刀的正确使用方法。（3）能够安全地使用卷笔刀
				5	使用书包	（1）掌握书包的使用方法。（2）能够独立背书包
		整理物品	第二单元整理文具	6	整理文具盒	（1）能将文具分类摆放至文具盒中。（2）能正确开、关文具盒
				7	整理书包	（1）能将学习用具分类收纳至书包中。（2）能正确使用书包拉链
		洗涤、移动物品	第三单元整理生活用品	8	晾毛巾	（1）能将毛巾整齐挂至衣架上。（2）能将衣架挂至晾衣架上
				9	收毛巾	（1）能知道什么时候要收毛巾。（2）能将衣架上的毛巾取下

年级	领域	项目	单元	课序	课题	目标
一年级上册	自我服务劳动	洗涤、移动物品	第三单元整理生活用品	10	摆放鞋子	（1）能分清鞋子的左右脚。 （2）能将鞋子正确摆放好。 （3）能按要求将鞋子摆放至指定位置
	家务劳动	使用物品	第四单元使用清洁用具	11	使用抹布	（1）知道抹布的使用方法。 （2）能正确使用抹布
				12	清洗抹布	（1）能用清洁剂按照步骤清洗抹布。 （2）能把抹布漂洗干净。 （3）能把抹布拧干
	公益劳动	校内劳动	第五单元我会开和关	13	开、关门	（1）知道开门、关门的方法。 （2）能独立、安全地开门、关门
				14	开、关窗户	（1）知道开窗、关窗的方法。 （2）能独立、安全地开窗、关窗
				15	开、关电灯	（1）知道开灯、关灯的方法。 （2）能独立、安全地开灯、关灯
				16	开、关电风扇	（1）知道开电风扇、关电风扇的方法。 （2）能独立、安全地开、关电风扇
一年级下册	自我服务劳动	使用物品	第一单元使用物品	1	使用桌、椅	（1）知道桌子、椅子的正确使用方法。 （2）能安全、正确地使用桌子、椅子
				2	使用抽屉	（1）知道抽屉的使用方法。 （2）能使用抽屉存放物品。 （3）能正确、安全地开、关抽屉
		整理物品	第二单元收纳整理	3	摆放文具	（1）知道摆放文具的方法和步骤。 （2）能在课前将文具整齐摆放到课桌上
				4	收纳内衣裤	（1）知道内衣裤的收纳方法和收纳步骤。 （2）能将内衣裤收纳至抽屉、衣柜等指定位置

年级	领域	项目	单元	课序	课题	目标
一年级下册	自我服务劳动	整理物品	第二单元收纳整理	5	收纳袜子	（1）知道袜子的收纳方法和收纳步骤。 （2）能将袜子收纳至抽屉、衣柜等指定位置
				6	整理玩具	（1）知道整理玩具的步骤和方法。 （2）能将玩具分类收纳好 （3）能将收纳好的玩具摆放至指定位置
	家务劳动	清洁整理	第三单元清洁整理	7	摆放水杯	（1）知道摆放水杯的方法和步骤。 （2）能按要求独立摆放水杯
				8	摆放碗筷	（1）知道摆放碗筷的方法和步骤。 （2）能按要求独立摆放碗筷
				9	摆放枕头	（1）知道摆放枕头的方法和步骤。 （2）能按要求独立摆放枕头
				10	倒垃圾	（1）知道什么时候需要倒垃圾。 （2）知道倒垃圾的注意事项。 （3）能按要求将垃圾倒至指定位置
				11	套垃圾袋	（1）知道套垃圾袋的方法和步骤。 （2）能将合适的垃圾袋套到垃圾桶内
	公益劳动	校内劳动	第四单元清洁打扫	12	擦桌子	（1）知道擦桌子的方法和步骤。 （2）能独立完成擦桌子
				13	擦椅子	（1）知道擦椅子的方法和步骤。 （2）能独立完成擦椅子
				14	使用扫把、垃圾铲	（1）知道扫把和垃圾铲的使用方法。 （2）能正确使用扫把和垃圾铲
				15	扫地	（1）知道扫地的方法和步骤。 （2）能独立清洁地面
				16	清洁垃圾铲	（1）知道清洗垃圾铲的方法和步骤。 （2）能独立完成垃圾铲的清洗

年级	领域	项目	单元	课序	课题	目标
二年级上册	自我服务劳动	使用物品	第一单元使用餐具	1	使用叉子	（1）能认识叉子，知道叉子的作用。 （2）能正确使用叉子
				2	使用勺子	（1）能认识勺子，知道勺子的作用。 （2）能正确使用勺子
	家务劳动	清洁整理	第二单元餐前准备	3	端菜	（1）掌握端菜的方法。 （2）能独立将菜品端至指定位置
				4	盛饭	（1）能正确使用饭勺。 （2）掌握盛饭的方法。 （3）能双手将盛好的饭放置在指定位置
		厨房劳动	第三单元清洗蔬果	5	洗萝卜	（1）掌握清洗萝卜的方法。 （2）能独立清洗萝卜
				6	洗土豆	（1）掌握清洗土豆的方法。 （2）能独立清洗土豆
				7	洗黄瓜	（1）掌握清洗黄瓜的方法。 （2）能独立清洗黄瓜
				8	洗苹果	（1）掌握清洗苹果的方法。 （2）能独立清洗苹果
				9	洗梨	（1）掌握清洗梨的方法。 （2）能独立清洗梨
	公益劳动	校内劳动	第四单元打扫教室	10	擦黑板	（1）知道什么时候需要擦黑板。 （2）掌握正确擦黑板的方法。 （3）能使用黑板擦、抹布等工具擦黑板
				11	擦柜子	（1）知道擦柜子的流程和方法。 （2）能使用正确的方法擦柜子
				12	整理书桌	（1）知道什么时候需要整理书桌。 （2）掌握整理书桌的方法。 （3）能使用正确的方法整理书桌

年级	领域	项目	单元	课序	课题	目标
二年级上册	公益劳动	校内劳动	第四单元打扫教室	13	整理讲台	（1）知道什么时候需要整理讲台。 （2）掌握整理讲台的方法。 （3）能使用正确的方法整理讲台
				14	整理茶水柜	（1）掌握整理茶水柜的方法。 （2）能使用正确的方法整理茶水柜
				15	整理书包柜	（1）掌握整理书包柜的方法。 （2）能使用正确的方法整理书包柜
	简单生产劳动	手工劳动	第五单元手工制作	16	串珠	（1）知道串珠的方法。 （2）能独立完成串珠
二年级下册	自我服务劳动	整理物品	第一单元清洗整理	1	折叠毛巾	（1）掌握折叠毛巾的方法。 （2）能独立折叠毛巾
				2	折叠浴巾	（1）掌握折叠浴巾的方法。 （2）能独立折叠浴巾
		洗涤物品		3	洗手帕	（1）能用洗衣用品正确清洗手帕。 （2）能把手帕漂洗干净。 （3）能把手帕拧干
				4	洗毛巾	（1）能用洗衣用品正确清洗毛巾。 （2）能把毛巾漂洗干净。 （3）能把毛巾拧干
	家庭劳动	清洁整理	第二单元居家整理	5	铺枕巾	（1）知道铺枕巾的方法和步骤。 （2）能将枕巾整齐地铺在枕头上
				6	整理床单	（1）知道整理床单的方法和步骤。 （2）能将床单整齐地铺在床上
				7	整理被子	（1）知道整理被子的方法和步骤。 （2）能将被子整齐地铺在床上
				8	装卷纸	（1）知道卷纸筒的使用方法。 （2）掌握装卷纸的步骤和方法。 （3）能独立装卷纸。

年级	领域	项目	单元	课序	课题	目标
二年级下册	家庭劳动	清洁整理	第二单元居家整理	9	整理洗漱用品	（1）能将洗漱用品进行分类。 （2）能按类别整理洗漱用品
				10	绑窗帘	（1）能将窗帘拉齐收好。 （2）能正确绑好窗帘绳。 （3）能独立完成绑窗帘
		厨房劳动	第三单元清洗蔬果	11	洗番石榴	（1）掌握清洗番石榴的方法。 （2）能独立清洗番石榴
				12	洗西红柿	（1）掌握清洗西红柿的方法。 （2）能独立清洗西红柿
				13	洗茄子	（1）掌握清洗茄子的方法。 （2）能独立清洗茄子
	公益劳动	校内劳动	第四单元整理桌椅	14	摆放课桌椅	（1）知道摆放课桌椅的方法。 （2）能按要求将课桌椅对齐摆放
				15	清洁课桌椅	（1）知道清洁课桌椅的方法。 （2）能使用抹布等清洁工具清洁课桌椅
	简单生产劳动	手工劳动	第五单元手工制作	16	使用胶水	（1）知道胶水的作用。 （2）能正确使用胶水粘东西
三年级上册	自我服务劳动	整理物品	第一单元折叠衣物	1	折叠内衣裤	（1）掌握折叠内衣裤的方法。 （2）能独立折叠内衣裤
				2	折叠袜子	（1）掌握折叠袜子的方法。 （2）能独立折叠袜子
				3	折叠短袖T恤	（1）掌握折叠短袖T恤的方法。 （2）能独立折叠短袖T恤
				4	折叠短裤	（1）掌握折叠短裤的方法。 （2）能独立折叠短裤
		洗涤物品	第二单元清洗衣物	5	洗红领巾	（1）能用洗衣用品正确清洗红领巾。 （2）能把红领巾漂洗干净。 （3）能把红领巾拧干

年级	领域	项目	单元	课序	课题	目标
三年级上册	自我服务劳动	洗涤物品	第二单元清洗衣物	6	晾红领巾	（1）能将红领巾整齐挂到衣架上。 （2）能将衣架挂到晾衣架上
				7	洗内衣裤	（1）能用洗衣用品正确清洗内衣裤。 （2）能把内衣裤漂洗干净。 （3）能把内衣裤拧干
				8	晾内衣裤	（1）能将内衣、内裤整齐挂到衣架上。 （2）能将衣架挂到晾衣架上
	家庭劳动	清洁整理	第三单元使用劳动工具	9	使用拖把、拖桶	（1）知道拖把、拖桶的作用。 （2）掌握拖把、拖桶的使用方法
				10	拖地	（1）掌握拖地的方法。 （2）能独立使用拖把拖地
				11	洗拖把	（1）知道清洗拖把的方法。 （2）能正确清洗拖把。 （3）能使用拖桶拧干拖把
				12	整理劳动工具	能分类摆放劳动工具
	公益劳动	校内劳动	第四单元打扫卫生	13	整理图书	能按书本大小分类摆放图书
				14	擦扶手	（1）知道擦扶手的方法。 （2）能使用抹布等清洁工具擦扶手
				15	打扫教室	（1）知道打扫教室的流程和方法。 （2）能使用劳动工具将教室打扫干净
	简单生产劳动	手工劳动	第五单元手工制作	16	粘信封	（1）知道粘信封的方法。 （2）能使用胶水、双面胶、胶布等工具贴信封
三年级下册	自我服务劳动	整理物品	第一单元清洗衣物	1	折叠校服	（1）掌握折叠校服的方法。 （2）能独立折叠校服
				2	洗袜子	（1）能用洗衣用品正确清洗袜子。 （2）能把袜子漂洗干净。 （3）能把袜子拧干

年级	领域	项目	单元	课序	课题	目标
三年级下册	自我服务劳动	洗涤物品	第一单元清洗衣物	3	晾袜子	（1）能将袜子整齐挂到衣架或衣夹上。 （2）能将衣架或衣夹挂到晾衣架上
				4	晾校服	（1）能用衣架晾校服外套。 （2）能用衣架晾校服裤子
	家庭劳动	清洁整理	第二单元整理卧室	5	整理衣柜	（1）能将折叠好的衣物放置到衣柜中。 （2）能将衣物分类摆放
				6	打扫卧室	（1）能将卧室物品摆放整齐。 （2）能将卧室地面打扫干净
		厨房劳动	第三单元清洗蔬果	7	清洗莲藕	（1）掌握清洗莲藕的方法。 （2）能独立清洗莲藕
				8	清洗红薯	（1）掌握清洗红薯的方法。 （2）能独立清洗红薯
				9	清洗花生	（1）掌握清洗花生的方法。 （2）能独立清洗花生
	公益劳动	校内劳动	第四单元清洁打扫	10	擦教室门	（1）知道擦教室门的方法和步骤。 （2）能使用抹布等清洁工具擦教室门
				11	打扫走廊	（1）知道打扫走廊的方法和步骤。 （2）能使用扫把、拖把等清洁工具打扫走廊
				12	浇花	（1）知道什么时候需要浇花。 （2）能使用洒水壶、水盆、桶等工具浇花。 （3）能给花浇适量的水
		社区劳动		13	清理草坪垃圾	（1）能将草坪垃圾捡到垃圾袋或垃圾桶中。 （2）能将清理好的垃圾倒到垃圾回收处
				14	打扫楼梯	（1）知道打扫楼梯的方法和步骤。 （2）能使用扫把、拖把、抹布等清洁工具打扫楼梯

续　表

年级	领域	项目	单元	课序	课题	目标
三年级下册	简单生产劳动	使用工具	第五单元手工制作	15	使用剪刀	（1）知道剪刀的作用。 （2）能正确、安全地使用剪刀
		手工劳动		16	制作拼贴画	（1）掌握拼贴画的制作方法和步骤。 （2）能使用剪刀、胶水、颜料等工具制作拼贴画
四年级上册	自我服务劳动	使用物品	第一单元使用雨具	1	雨伞	（1）知道雨天要用到雨伞。 （2）能把伞撑开使用。 （3）能把雨伞收合并整理好
				2	雨衣	（1）能穿、脱雨衣。 （2）能把雨衣展平晾干。 （3）能叠好雨衣
				3	雨靴	（1）能穿、脱雨靴。 （2）能把雨靴放在指定的地方
		洗涤物品	第二单元清洗晾晒衣物	4	洗衣服	（1）能用洗衣用品按照步骤清洗衣服。 （2）能把衣服漂洗干净。 （3）能把衣服拧干
				5	洗裤子	（1）能用洗衣用品按照步骤清洗裤子。 （2）能把裤子漂洗干净。 （3）能把裤子拧干
				6	晾衣物	（1）能用衣架晾套头的衣服和外套。 （2）能用衣架晾裤子
	家务劳动	使用物品	第三单元使用家电（一）	7	使用电视	（1）能开、关电视机。 （2）能根据自己的喜好选择频道
				8	使用风扇	（1）能开、关风扇。 （2）能根据需求调节挡位
				9	使用空调	（1）能开、关空调。 （2）能将空调调至制冷功能。 （3）能根据需求调节温度

续 表

年级	领域	项目	单元	课序	课题	目标
四年级上册	家务劳动	清洁整理	第四单元	10	洗碗、菜碟	（1）知道洗碗、菜碟的步骤。 （2）能用洗涤用品把碗、菜碟清洗干净
				11	洗筷子、调羹	（1）知道洗筷子、调羹的步骤。 （2）能用洗涤用品把筷子、调羹清洗干净
				12	洗杯子	（1）知道洗杯子的步骤。 （2）能把杯子清洗干净
	公益劳动	校内劳动	第五单元分理	13	修补图书	能用修补工具把破损的图书修补好
				14	使用订书机	能用不同型号的订书机装订资料
				15	分理报刊	能把报刊分理归类
				16	派发报刊	能在教师的指引下把报刊发到指定办公室
四年级下册	自我服务劳动	洗涤物品	第一单元清洗晾晒	1	洗晾鞋子	（1）知道洗运动鞋的方法和步骤。 （2）能用洗涤用品把运动鞋清洗干净。 （3）能按要求晾晒运动鞋
				2	洗书包	（1）知道洗书包的方法和步骤。 （2）能用洗涤用品把书包清洗干净。 （3）能用衣架晾晒书包
				3	漂洗衣服	（1）知道漂洗衣服用的清洁用品。 （2）熟悉漂洗衣服的步骤。 （3）能把有顽固污迹的衣物漂洗干净
	家务劳动	清洁整理	第二单元洗、剥水果	4	剥果皮	（1）知道剥橘子、剥香蕉、剥火龙果的方法。 （2）能把橘子皮、香蕉皮、火龙果皮剥干净

续　表

年级	领域	项目	单元	课序	课题	目标
四年级下册	家务劳动	清洁整理	第二单元洗、剥水果	5	剥果壳	（1）知道剥龙眼、剥荔枝、剥花生、剥核桃的方法。 （2）能将果壳剥干净
				6	洗水果	（1）知道常见水果的清洗方法和清洗步骤（如葡萄、草莓、阳桃）。 （2）能把水果清洗干净
		厨房劳动	第三单元择洗蔬菜（一）	7	择绿叶菜	（1）能去除青菜中的枯黄、烂叶、虫害部分。 （2）能按需把青菜择成小段
				8	择豆类青菜	（1）能去除豆荚的须和蒂。 （2）能去除豆角的蒂和虫害部分。 （3）能按需求把豆角择成小段
				9	择根须青菜	（1）能用工具把大蒜、葱、荞头的根须去掉。 （2）能去除青菜中的枯黄、烂叶
			第四单元择洗蔬菜（二）	10	削菜皮	（1）知道削皮的工具。 （2）能用削皮刀给萝卜、黄瓜、冬瓜等削皮
				11	剥菜皮	（1）熟悉剥蒜头、葱头的方法。 （2）能把大蒜、葱的外皮去掉
				12	洗蔬菜	（1）熟悉洗蔬菜的方法和步骤。 （2）能把蔬菜清洗干净
	简单生产劳动	种植劳动	第五单元平整菜地	13	拔草	能拔除菜地中的杂草
				14	捡石子	能把菜地中的石块、垃圾清理干净
				15	翻地	能用锄头给菜地松土
				16	平整土地	（1）能把大块的泥土敲碎。 （2）能用铲子、锄头平整土地

年级	领域	项目	单元	课序	课题	目标
五年级上册	自我服务劳动	整理物品	第一单元	1	套棉被	（1）熟悉套棉被的方法和步骤。 （2）能整齐地把棉被套进被单里
				2	铺床单	（1）熟悉铺床单的方法和步骤。 （2）能把床单平整地铺在床上
				3	折叠衣服、裤子	（1）熟悉折叠衣服、裤子的方法和步骤。 （2）能把衣物、裤子折叠整齐
	家庭劳动	使用物品	第二单元使用家电（二）	4	使用电水壶	会使用电水壶烧开水
				5	使用电吹风	会使用电吹风吹干头发或小件衣物
				6	使用消毒柜	（1）能把餐具、杯具分类放在消毒柜里。 （2）会使用消毒柜消毒碗筷、杯子
		洗涤晾晒	第三单元洗晒大件衣物	7	用洗衣机洗衣服	会用洗衣机洗衣服/被子
				8	脱水	会用洗衣机的脱水功能给衣物脱水
				9	晾晒被子	会把被子展平挂在竹竿上晾晒
		厨房劳动	第四单元泡发清洗	10	泡发木耳	（1）熟悉泡发木耳的流程和注意事项。 （2）会把木耳的根部去掉。 （3）会把大块的木耳撕成小块
				11	泡发香菇	（1）熟悉泡发香菇的流程和注意事项。 （2）会把香菇的蒂去掉
				12	泡发紫菜	（1）熟悉泡发紫菜的流程。 （2）会把紫菜清洗干净
		种植劳动	第五单元菜园管理	13	浇菜	能给菜地的青菜浇水
				14	除草	（1）能分辨菜地的杂草和青菜。 （2）能在教师的指导下拔除杂草
				15	施肥	能在教师的指导下给青菜施肥

续 表

年级	领域	项目	单元	课序	课题	目标
五年级下册	自我服务劳动	整理物品	第一单元整理	1	折叠被子	（1）熟悉折叠被子的步骤。（2）会把被子折叠整齐
				2	整理床铺	会把床铺收拾整齐
				3	整理衣柜	（1）能把衣服分类整理。（2）能把衣服在衣柜里摆放整齐
	家庭劳动	使用物品	第二单元使用家电（三）	4	使用电冰箱	（1）会使用电冰箱保鲜食品。（2）会用电冰箱冷藏食品
				5	使用电饭煲	（1）会用电饭煲加热食品。（2）会用电饭煲煲饭
				6	使用电磁炉	会用电磁炉加热食品
		厨房清洁	第三单元厨具清洗整理	7	洗锅	会用清洁用品把锅刷干净
				8	洗锅盖	（1）知道洗锅盖的方法和步骤。（2）能用清洁用品把锅盖洗干净
				9	洗汤煲	会用清洁用品把汤煲洗干净
	公益劳动	校内劳动	第四单元公共清洁	10	打扫厕所	（1）会能用清洁用品把厕所打扫干净。（2）会清除厕所的垃圾
				11	打扫保洁区	（1）会把保洁区打扫干净。（2）会把保洁区的垃圾清理到指定地点
				12	打扫楼道	（1）会把楼道、扶手打扫干净。（2）会把垃圾清理到指定地点
	简单生产劳动	种植劳动	第五单元种花（一）	13	种太阳花	（1）知道种太阳花的方法和步骤。（2）会在花盆里种太阳花
				14	水培绿萝	（1）熟悉水培绿萝的步骤。（2）能种植一盆绿萝
				15	扦插三角梅	（1）熟悉扦插三角梅的方法。（2）会在花盆扦插三角梅

续 表

年级	领域	项目	单元	课序	课题	目标
六年级上册	自我服务劳动	整理物品	第一单元	1	穿、系鞋带	会穿、系鞋带
				2	钉扣子（一）	（1）会穿针、引线、打结。 （2）会在布料上行单行针线
				3	钉扣子（二）	（1）会把纽扣钉在布料上。 （2）会把纽和扣对齐并钉好
		个人防疫	第二单元清洁消毒	4	戴口罩	（1）会正确地佩戴口罩。 （2）知道什么时候要佩戴口罩
				5	洗手	（1）熟悉七步洗手法。 （2）会按照七步洗手法洗手
				6	消毒	（1）会用免洗洗手液洗手。 （2）会用消毒液给自己的用品消毒
	家庭劳动	厨房劳动	第三单元	7	冲泡方便面	会冲泡方便面
				8	做水果沙拉	（1）认识沙拉酱。 （2）会用常见的水果做水果沙拉
				9	做水煮蛋	会用电磁炉做水煮蛋
	公益劳动	校内劳动	第四单元公共清洁（二）	10	打扫宿舍	（1）能把宿舍打扫干净。 （2）能把宿舍的物品摆放整齐
				11	打扫食堂	（1）能把食堂打扫干净。 （2）能把餐桌上的物品摆放整齐
				12	打扫教师办公室	（1）能把办公室打扫干净。 （2）能把办公室的物品摆放整齐
	简单生产劳动	种植劳动	第五单元种菜（二）	13	种莜麦菜	（1）会在平整的土地上撒菜种子。 （2）会给洒下的种子均匀地铺上干草。 （3）会给种子均匀地浇水
				14	种葱	（1）会在平整的土地上种葱。 （2）会给种好的葱铺上干草。 （3）会给葱均匀地浇水
				15	种大蒜	（1）会在平整好土地上种大蒜。 （2）会给种好的大蒜铺上干草。 （3）会给大蒜均匀地浇水

续 表

年级	领域	项目	单元	课序	课题	目标
六年级下册	垃圾分类	清洁整理	第一单元垃圾分类	1	垃圾分类（一）	（1）知道哪些是可回收垃圾。 （2）会把可回收垃圾分类放好
				2	垃圾分类（二）	（1）知道哪些是有害垃圾。 （2）会把有害垃圾清理到垃圾桶
				3	垃圾分类（三）	（1）知道哪些是厨余垃圾。 （2）会把厨余垃圾清理到垃圾桶
				4	垃圾分类（四）	（1）知道哪些是其他垃圾。 （2）会把其他垃圾清理到垃圾桶
	家庭劳动	厨房劳动	第二单元使用家电（四）	5	加热饺子、包子	（1）熟悉加热速冻食品的方法。 （2）会用电磁炉/电饭煲加热饺子、包子
				6	使用微波炉（一）	（1）知道微波炉的功能。 （2）知道使用微波炉的注意事项。 （3）会用微波炉给器皿杀毒
				7	使用微波炉（二）	会用微波炉解冻、加热食品
				8	使用微波炉（三）	会用微波炉烤红薯
			第三单元使用家电（五）	9	榨果汁（一）	会用果汁机榨单一项果汁
				10	榨果汁（二）	会用果汁机榨混合果汁
				11	磨豆浆	会用豆浆机磨豆浆
			第四单元认识调味料	12	食用油、酱油、醋	能分辨食用油、酱油、醋，熟悉它们的味道
				13	食盐、味精、白糖	能分辨食盐、味精、白糖，熟悉它们的味道
				14	胡椒粉、辣椒粉、生粉	能分辨胡椒粉、辣椒粉和生粉，熟悉它们的味道

续 表

年级	领域	项目	单元	课序	课题	目标
六年级下册	公益劳动	校内劳动	第五单元废品利用	15	卖废品（一）	（1）会收集可回收废品。 （2）会把可回收废品分类整理好。 （3）会联系废品人员部门到学校收购废品
				16	卖废品（二）	（1）懂得卖废品的沟通礼仪。 （2）会把废品换成钱
	简单生产劳动	种植劳动	第五单元种菜（三）	17	种茄子	（1）认识茄子秧苗。 （2）会在菜地上种茄子秧。 （3）会给茄子秧浇水
				18	种豆角	（1）认识豆角种子。 （2）会在菜地上播种豆角。 （3）会给种下的豆角浇水
七年级上册	自我服务劳动技能	移动物体	第一单元搬运	1	打包	会将零散的物品整理打包
				2	使用工具搬运重物	会使用工具搬运重物
				3	与他人合作搬运重物	会与他人合作搬运重物
				4	独立搬运重物	会够独立搬运重物
	家务劳动技能	清洁整理	第二单元整理与存放	5	整理、存放衣裤	会根据季节整理、存放衣裤
				6	整理、存放鞋子	会根据季节整理、存放鞋子
				7	整理、存放被褥	会根据季节整理、存放被褥
				8	整理、存放毛毯	会整理、存放毛毯
		厨房劳动	第三单元面点	9	使用厨房电子秤	会使用厨房电子秤称量食材
				10	使用打蛋器	会使用手动打蛋器和电动打蛋器

续 表

年级	领域	项目	单元	课序	课题	目标
七年级上册	家务劳动技能	厨房劳动	第三单元面点	11	和制冷水面团	会制作冷水面团
				12	制作面糊	会制作面糊
	简单生产劳动技能	手工编织	第四单元编织器的初步认识及使用	13	认识编织工具	认识编织器编织的各种工具
				14	单绳打活结	会单绳打活结的方法
				15	直型编织器的起针	会直型编织器的基础起针方法
				16	挑针	会挑针
		种植劳动	第五单元收割蔬菜	17	摘莜麦菜	会摘莜麦菜
				18	摘通心菜	会摘通心菜
				19	摘菜心	会收割菜心
				20	挖红薯	会挖红薯
七年级下册	家务劳动技能	清洁整理	第一单元保养衣裤	1	保养牛仔衣裤	（1）会清洗牛仔衣裤。 （2）会给牛仔衣裤固色
				2	保养毛呢类衣物	会保养毛呢类衣物
				3	保养秋冬季衣裤	（1）会保养秋冬季衣裤。 （2）会使用粘毛器、剪毛球器保养衣裤
				4	使用电熨斗	会用电熨斗熨烫衣物
		厨房劳动	存放食材	5	存放水果的方法	（1）会在常温下存放水果。 （2）会冷藏水果
				6	存放蔬菜的方法	（1）会在常温下存放蔬菜。 （2）会冷藏蔬菜
				7	存放鱼肉类、海鲜的方法	会存放新鲜的鱼肉、海鲜
				8	存放干货的方法	会存放干货

续 表

年级	领域	项目	单元	课序	课题	目标
七年级下册	家务劳动技能	厨房劳动	第三单元烹饪	9	白灼生菜	会用炒锅做白灼生菜
				10	煎鸡蛋	会用平底锅煎鸡蛋
				11	煮白粥	会用砂锅（压力锅）煮白粥
				12	肉丸汤	会做肉丸汤
	简单生产劳动技能	使用工具	第四单元使用五金工具	13	螺丝刀	会使用螺丝刀
				14	扳手	会使用扳手
				15	钳子	会使用钳子
				16	锤子	会使用锤子
		种植劳动	第五单元种花生	17	整地	会平整土地
				18	施肥	会在平地上均匀地施肥
				19	打垄	会在平地上打垄
				20	播种花生	会播种花生
八年级上册	家务劳动技能	清洁整理	第一单元美化、装饰房间	1	擦玻璃	会使用玻璃清洁器或废旧报纸擦玻璃
				2	吸尘器	会使用吸尘器清洁房间
				3	贴窗花	会贴窗花布置房间
				4	装饰房间	会采购喜欢的装饰品装饰房间
		厨房劳动	第二单元面点	5	热水面团	会用热水和面团
				6	制作饺子皮	（1）会切出大小相对均匀的剂子。（2）会用擀面杖擀饺子皮
				7	黄油的使用	（1）会打发黄油。（2）会使用黄油
				8	酥皮面团	会制作酥皮面团

年级	领域	项目	单元	课序	课题	目标
八年级上册	简单生产劳动技能	手工编织	第三单元编织围巾	9	起针	会圆形编织器的起针方法
				10	基础针法的绕线方法	会圆形编织器编织基础针法的绕线方法
				11	收针	会圆形编织器的收针方法
				12	安装毛线球	会毛线球的安装技巧
		种植劳动	第四单元种红薯	13	育苗	会育苗的方法
				14	插薯苗	会插种红薯苗
				15	上土	会给薯苗培土
				16	施肥	会给薯苗施肥
	公益劳动技能	校内劳动	第五单元校内劳动	17	维修课桌椅	会用合适的工具修理桌椅
				18	布置班级（一）	会装饰班级宣传栏的边框
				19	布置班级（二）	会根据需求选用合适的装饰品布置班级
				20	参加学校志愿服务活动	熟悉参加学校志愿服务的流程
八年级下册	家务劳动技能	清洁整理	第一单元打扫厨房	1	清洁洗碗池	会清洁洗碗池
				2	清洁灶台	会清洁灶台
				3	清洁墙面	会清洁厨房墙面
				4	清洁、整理厨具	会清洁、整理厨具
		厨房劳动	第二单元面点	5	发面	会用酵母发面
				6	制作白馒头	会制作白馒头
				7	制作面包坯	会制作面包坯
				8	烤面包	会用烤箱烤面包

续　表

年级	领域	项目	单元	课序	课题	目标
八年级下册	家务劳动技能	厨房劳动	第三单元使用刀具	9	切白菜	会把白菜切成段
				10	切萝卜	会把萝卜切成块状、片状
				11	切土豆丝	会把土豆切成丝状
				12	剁姜末	会把姜剁成末状
	简单生产劳动技能	种植劳动	种豆角	13	育种	会育豆角种
				14	移植	会把育好的豆角苗移植到菜地里
				15	培土	会给豆角苗培土
				16	上签	会给豆角苗搭建蔓延的支架
		手工编织	第五单元制作帽子	17	起针与绕线	（1）会圆形编织器的起针方法。（2）会圆形编织器的绕线方法
				18	毛线球的安装	会毛线球的安装方法
				19	卷针缝合	会卷针缝合的方法
				20	帽边缝合	会卷针缝合帽边的方法
九年级上册	家务劳动技能	洗涤晾晒	第一单元清洗厚衣物	1	清洗羊毛衣服	会清洗、晾晒羊毛材质的衣物
				2	清洗羽绒服	会清洗、晾晒羽绒服
				3	清洗被褥	会清洗、晾晒被褥
				4	清洗毛毯	会清洗、晾晒毛毯
		厨房劳动	第二单元面点	5	五彩馒头（一）	会选择适合给面点着色的蔬果制作蔬果汁（红肉火龙果、胡萝卜、菠菜、南瓜）
				6	五彩馒头（二）	会用果蔬汁代替水和面，制作有色果蔬馒头
				7	美味的曲奇饼（一）	会使用饼干模具做曲奇饼干
				8	美味的曲奇饼（二）	会制作各种风味的曲奇饼干

续　表

年级	领域	项目	单元	课序	课题	目标
九年级上册	家务劳动技能	厨房劳动	第三单元烹饪	9	处理肉类	（1）会把肉从冰箱拿出化冻。（2）会把肉类表面的毛、筋膜去掉
				10	切猪肉	会按要求把猪肉切成块状、片状、条状
				11	焯猪肉	会给猪肉焯水
				12	炒肉片	会炒肉片
	简单生产劳动技能	缝纫编织	第四单元手工缝补	13	手工缝补的基本针法（一）	（1）会基本缝补针法——扣眼法。（2）会基本缝补针法——包边法
				14	手工缝补的基本针法（二）	（1）会基本缝补针法——平针法。（2）会基本缝补针法——藏针法
				15	缝袜子	会用适当的缝补方法缝袜子
				16	缝衣物	会用适当的缝补方法缝衣物
		种植劳动	第五单元种甘蔗	17	育种	会蔗种的育种方法
				18	插种	会把蔗种种在平整的地上
				19	培土	会给蔗种培土
				20	施肥	会给甘蔗施肥
九年级下册	家务劳动技能	厨房劳动	第一单元面点	1	厨师机的使用	会使用厨师机
				2	制作包子	（1）会整合面团的手法。（2）会做馅料。（3）会包子的收口手法。（4）会蒸包子
				3	甜甜的糖	（1）认识各种糖。（2）知道糖的保存方法
				4	戚风蛋糕	会制作原味戚风蛋糕
			第二单元烹饪	5	煮米粉	会煮汤米粉
				6	蒸红薯	会蒸红薯
				7	炒青菜	会炒青菜
				8	凉拌菜	会做常见的凉拌菜

年级	领域	项目	单元	课序	课题	目标
九年级下册	简单生产劳动技能	劳动种植	第三单元种菠菜	9	选种	会选种的方法
				10	整地施肥	会整地施肥的方法
				11	播种	会播种的方法
				12	浇水追肥	会浇水追肥的方法
		职业准备	第四单元体验职业	13	体验快递员工作	到快递公司参与体验快递员的工作
				14	体验保洁员工作	到家政公司参与体验保洁员的工作
				15	体验客房服务员工作	到酒店参与体验客房服务员的工作
				16	体验包装工工作	到工厂车间参与体验包装工工作
			第五单元求职知识	17	填写求职简历	会正确填写求职简历上的各项信息
				18	应聘职位	（1）会查找招聘信息。 （2）会选择适合的职位投简历
				19	面试注意事项	（1）会简单的自我介绍。 （2）懂得面试的基本礼仪。 （3）会灵活回答招聘者的问题
				20	残疾人就业相关法律法规	了解残疾人就业相关法律法规

第三章

研修纪实

第一节　国内研修活动集萃

激动　感动　行动

——参加"广东省百千万人才培养工程"培训感言

今夜，我又一次失眠，满脑子都是教学风格、教学研究、课题研究……经过"广东省百千万人才培养工程"历时6天的培训，各位专家、名师的讲授像放电影一样在我脑子里重播了一遍。这是一次高规格的学习，培训平台"新颖"，培训内容"实在"，培训方式"高效"，培训资源"丰富"，培训成效"喜人"。工作十七年，我满怀"衣带渐宽终不悔，为伊消得人憔悴"的执着追求，一路前行。可面对听障学生的个体差异及多重障碍学生越来越多的现状，我走进了"昨夜西风凋碧树，独上高楼，望尽天涯路"的迷茫。但是这次培训却让我有了"众里寻他千百度，蓦然回首，那人却在灯火阑珊处"的顿悟。

激　动

我为自己能通过层层选拔，过五关斩六将，挤进了"广东省百千万人才培养工程"初中文科组名教师培养对象的队伍而激动，这着实是一个惊喜。在培训第一天上午的开班仪式上，华师大的吴颖民教授向我们解读了项目实施方案。我心中洋溢着兴奋，为未来三年能得到教育界的前辈的指导而兴奋，为能与省内的精英教师同行而兴奋，为能走进国内外名校交流学习而兴奋。十七年的特教生涯，我一直都是摸着石头过河，遇到问题只能自己查阅资料或找同行探讨，外出学习培训的机会甚少。我渴望着充电的机会，渴望着名师专家的引领，所以这次学习对我来说真如久旱逢甘霖。

教师们都像打了鸡血，课上与专家、名师的互动非常活跃，课下交流依然热烈，晚上各学科组内还举办专题沙龙。培训的每一天夜晚，我都与同住的陈丽江老师探讨业务，如中国手语、当今听障教育口语与书面语的流派、聋校高效课堂教学策略、教研组的管理、好书推荐分享……思想的火花在交流中产生，在碰撞里革新。

我非常荣幸能聆听到这么多来自国内外知名专家的讲学。美国一位校长激情洋溢的演讲，内容高瞻远瞩，让我对瞬息万变的信息时代教育应怎样变革的问题有了深层的思考，对培养适应未来发展的学生的九种技能有了清晰的认识。上海祝庆东特级教师的《三层次科研活动的设计与实施》拨开了我们头脑中如何教科研的云雾，让我们掌握了课题研究方案的规范撰写。上海市教委陆靖教授关于"基础教育改革与发展论坛"的讲座高屋建瓴，让我们了解了高考的模式与改革动向。今后的教育教学要注重"以学生的发展为本"的教育理念，关注每一个学生的全面发展、持续发展和终身发展。非常荣幸能请到经验丰富的特级教师黄宏伟做我们的实践导师。整个培训，项目组给我们布置了许多任务作为催产名师的手段，有个人发展计划、课题研究、个人博客、境外研修报告、我的教学风格案例、精品课例、示范课、公开课、研读大堆书目……压力就是动力，磨炼就从这里开始！

感　动

培训几天，我们聆听了特级教师、名师学员代表的成长经历。他们走过的路、他们丰硕的教学成果深深地震撼了我。我为他们那种咬定青山不放松的毅力而感动，为他们在坚守中结出的硕果而感动，心中的敬佩之情也油然而生。

何为教育家？教育家是指通过亲力亲为的教育实践创造出重大教育业绩，对一定时期、一定范围内的教育思想和实践产生重要影响的优秀教育工作者，是一个用于描述高层次杰出教育人才的概念。刘晓晴和刘志伟两位特级教师精彩的报告以鲜活的实例向我们阐释了教育家的概念。无论是他俩还是楚云等6位学员代表，都有着共同的特点，那就是把根深深扎进教育的沃土，心中有立志成为教育家的追求，在这浮躁喧嚣的尘世，能静下心来，用最初的心走最远的路，用课题研究助力专业发展。晓晴老师就"高层次专业发展的瓶颈如何突破"这个问题阐述了自己的观点和具体做法，很值得借鉴。那就是借助"属己性精品理论"的结构和话语体系讲述个人鲜活的实践故事。我们一线老师的文章往往有两个极端，要么理论一大堆显得空洞，要么都是故事陈述或堆砌，没有高度，没有厚度，缺乏专业理论的支撑，课题研究往往用生活语言而不是学术语言来表达。她还讲了从自享性草根研究到学术成果的过程。那就是一个有价值的课题应经历区级、市级、省级、国家级这几个阶段。如此螺旋式训练，深入、深入再深入，不断地凝练，不断地研磨，不断地提升。透过视角与时空的变化，我理解了磨砺研究品质，积累丰硕成果。

成才不是百米冲刺，而是人生的一次长跑。而教师在指引学生长跑的过程中只有摒弃功利，博学慎思，笃志善行，才能成就学生、成就自己。

行　动

培训第一天，吴校长就告诉我们：名教师是师德高尚、理念先进、视野广阔、学识渊博、业务精湛、学科教学能力卓越、形成个人教学风格、在国内有较高知名度和影响力的教师。反思自己，离名师甚远。但是，我一定会扬起理想的风帆，努力驶向成功的彼岸。

行动之一，走出听障语文这个狭小的领域。随着社会的进步、医学的发展，聋哑儿童通过听力补偿或植入人工耳蜗进行听力重建，其补偿听力可以达到或接近正常，在融合教育的理念下，已有不少听力障碍孩子回归普通学校就读。许多聋校也进行了使用普通学校教材的尝试。聋教育的现状要求我们有更广阔的视野，有大格局教育观。今后，我要加强与普通学校之间的联系，更要为能指导普通学校的资源教师开展听力障碍学生语文教学工作做准备。

行动之二，形成自己的教学风格。这几天的学习，一个中心词就是"教学风格"。我的教学风格是怎样的？我以前从未思考过。在平时的教学中，我强化口语交际、注重说写结合、注重人文的熏陶、注重学生的个体差异，这些似乎都不是教学风格的范畴，只是属于教学技术的范畴吧。我想，教学风格应该是艺术的范畴而不是技术的范畴。"朴实自然，润物无声""情感陶冶，动静相生"……我想了好些词语去概括，似乎都对，似乎又不全对。不同的文体所呈现的方式应该不一样啊，如议论文的教学与诗歌散文的教学风格是不一样的。好困惑啊！我渴望导师和同行的指点与评价。

行动之三，阅读大量书籍。有阅读的生命是精彩的。阅读的重要性已无须阐述。作为一名教师，我相信每个人都希望自己站在讲台上的时候是坦然的、自信满满的、胸有成竹的。而这一切，最基础的是，每个教师都需要有丰富的教育理念，而读书就是获得教育理念最好的方法，也是实现专业成长的必经之路。挤出时间，保证每天阅读一小时，让教学实践的思路更宽，更具有创新性。

行动之四，潜心教科研工作。课题是专业发展的助推器。这三年，我只想潜下心来，静静地俯首于一线教学，和学生一起畅享语文课堂，带领课题组认真完成研究工作，让成果更丰盈，把教科研成果用于课堂，让每一名学生都受益。

相遇是歌

——记广东省百千万名师培养工程名教师培养对象赴杭州跟岗研修

5月，乍暖还寒，馨风拂面，我们相遇在"世界上最美丽华贵的天城"——杭州。相遇是歌，这首歌节奏欢快，形式活泼，内容丰富，情感真挚。这首歌由广东第二师范学校创作，由杭州市名教师指挥，由广东省人才培养工程名师培养对象演唱，而那跳动的音符，便是校园里那群可爱的孩子们。伴随着西湖那轻柔的风、净慈寺那悠扬的钟声、南宋御街那闪烁的霓虹，伴随着G20峰会的畅想、杭州市教育教学改革的浪潮，这首歌时而深情婉转，悠扬动听，时而高亢嘹亮。我想记下我们走过的每一个站点，指挥的每一个人以及那跳动的每一个音符。

第一乐章　浙大华家池寻梦

5月10日，我们来到了杭州行的首站——浙江大学华家池校区。这里有被称为杭州"小西湖"的华家池，湖水微波荡漾，池边杨柳依依，这里没有太多的喧哗，也没有太多的浮躁。华家池的美是宁谧的、一尘不染的。在这里，我聆听了最精彩的讲学、最美妙的乐章。

原来可以这样做局长，原来可以这样做校长，原来可以这样做老师，原来可以这样做母亲……我想记下这个温婉美丽、有智慧、有思想、有情怀的老师的名字——赵群筼。校长决定一所学校的高度，老师决定一所学校的厚度，家长决定一所学校的宽度，孩子决定一所学校的温度。

　　首站感悟之一：校园文化。我特别欣赏文晖中学"我的道路是最美的"的办学核心理念。什么是校园文化？校园文化不是靠广告公司花巨资打造出来的，不是靠领导拍脑袋想出来的，是经过时间的沉淀，根植于师生及家长心上的一种学校的精神、一种共同的追求。文晖中学有一条路——一条铁路。这是学校遵循学生的意见而设置的。这条铁路有九个站台：相遇、渴望、约束、云端、自我、男子汉、选择、创造、光明，每个站台都有一句名言。铁路两旁，鲜花盛开。"欢迎您到文晖中学来，这里鲜花盛开！"这是学校的欢迎词。在这里，我感受到了什么叫以学生为本，什么是创新，什么是温情的校园文化。

　　感悟之二：教师的专业成长。课堂教学是教师的护身符，如果你教学本领过硬又善于自我表现，那么你的光芒可以在讲台上绽放。如果你比较内敛，真的不善言辞，那么你可发展的空间还有教学设计、作业设计、学生学习诊断、学生学习过程性评价、考试命题研究等方面。教师的专业成长关注的不仅仅是课堂，还应聚焦从课堂教学到教育教学的全过程。

　　感悟之三：一个坚强、勇敢、积极的母亲是最好的家庭教师。赵老师在孩子高考倒计时100天发布的微信朋友圈，让我看到家庭教育对孩子成长的重要影响，而赵老师的父亲、母亲给女儿的家书，外公给孙女写的对联，足以让我感动得潸然泪下。

　　在中国父母眼中，孩子高考，就是千军万马过独木桥。多少父母为孩子的学业、为孩子的学习成绩而焦虑？我们心心念念的高考、升职等看似特别重要的事情，并不是生活最重要的部分。赵老师在给孩子的信中写道：高考倒计时的意义是什么？高考过后，各奔天涯，不要忘记伙伴，不要忘记恩师，不要忘记这段时间陪我们走过的亲人、好友。高考让我们学会成熟，学会生活，学会选择，这才是倒计时的意义。

　　赵老师给我们看了她的第一个教师节她父亲给她的一封家书：你一天天地教着书，是万丈高楼在一天天打"基础"，"基础"不露面，谈不上"出席"，水到渠成，瓜熟蒂落。二十而学，三十而立，四十不惑，五十知天命。天命即规律，功夫之如此，我们急什么？你们2年被评为二级教师，8年被评为一级教师，15年被评为高级教师，就比现在强多了。过了15年，你还只有35岁，也就神气了。欲速则不达，不要性急。父爱如山，我体会到了父亲的拳拳爱女之心，感受到了上一辈教育人对年轻教师语重心长的嘱咐。

教书生涯路漫漫，我想从容而智慧地走过，做一个有爱的人、有追求的人，在简单平凡中成为幸福的人！

第二乐章　杭州聋校追梦

此次跟岗，项目组没有将我们安排到特殊教育学校，我总觉得遗憾。经过再三争取，项目组最终同意我们到杭州聋校讲课、跟岗学习。

5月10日下午，离开浙大华家池，我们特教组三人便来到了下沙。到下沙吃过晚饭，已是晚上20：00，我们迫不及待想看到聋校。于是，我们边询问边寻找通往学校的路。只记得我们走了好久好久，路边蛙声一片，柴油味浓得呛鼻，路灯下我们三人的影子拉得老长，唯一能跟蛙声应和的是偶尔疾驰而过的车辆发出的声音。寂静的夜，让我的内心忐忑不已。虽然忐忑，但总觉学校就在前面，所以大家都没有止步，总想着前面会是灯火辉煌的校园。终于，我们看到一个牌子"杭州聋人学校欢迎您"。可是我们没有看到校园，因为通向学校的路漆黑一片。

第二天，我们总算见到了聋校的真面目。都说天下特教是一家，走进学校，我们觉得这所学校是那么亲切，那么让人赏心悦目。占地140多亩的杭州聋人学校，散发着它特有的魅力。这里的建筑造型别具一格，这里的绿化独具匠心，这里吸引了不少普校的优秀教师投身于聋教育领域。初到学校，正值运动会，我们见到了翁校长。从与校长的交谈中，我深深感受到杭州市委市政府对教育的重视。此行我发现了许多特别值得赞赏的地方：其一，省办盲校、市办聋校、区办培智学校的特殊教育办学格局值得推崇。这样，教育资源得到最优化，单一类学生的学校也更有利于管理，教科研更有针对性，更能办出特色、办出质量。其二，聋校教师子女可任意挑选到杭州的任何一所优质学校就读。

如果教师教学技能过硬，还可以到子女所在学校任教，陪伴孩子成长。如此一来，解决了教师的后顾之忧。其三，教而优则仕。恰逢杭州市教育局对学校班子进行考核，考核的其中一项内容是课堂教学。可见，教学在学校工作的中心地位；可见，教学能力是学校领导者的核心素养之一。其四，教育局领导放弃休息时间到学校指导课堂教学。中午12：30，吃过午饭稍做休整，我们便随教育局教研员进入课堂听了一节准备参加全国赛的英语课。有这样尽心尽力的领导去引领教师成长，怎么不让教师感动、为成就教育理想而奋斗不止呢？

在杭州聋校的三天，我们都是在听课、上课、评课、议课中度过的。我庆幸能成为章建芬老师的弟子。章导师，是一个时尚、敬业、拥有30年教学经验并且充满活力的听障语文教育专家。她给我们展示了一节阅读课，介绍了作文教学的经验、课外阅读教学的经验及有质量的好方法和观点。章老师身上那种对待工作孜孜不倦的认真态度感染了我。章老师对听障语文教学的七个建议指导着我们的教学。这七个建议分别是对学生真诚的表扬、说写结合提高学生表达能力、注重学生词汇的积累、强化口语培养学生有声语言的思维、以学定教把课堂还给学生、把听说读写落实到课堂、不搞花架子抓住文本对学生进行人文的熏陶。

特别难忘八（3）班这群大孩子，他们热情而有个性，我们一起愉快地、顺利地完成了《最大的麦穗》的学习并得到导师及全体语文科组教师的肯定。当我第一次走进教室，这群孩子对我这个新老师并不在意。我以他们参加运动会为话题与他们聊开了，聊到他们感兴趣的小说，一步步走进他们的心灵。试课时，这群孩子不太开口，特别是学习优秀的那位给自己剪发把头发剪得乱七八糟的男孩。我提出一个问题，别的孩子都不会回答，他靠在椅子上冷冷地说了自己的见解。我见势热情地表扬他，热情地和他击掌，他终于笑了，坐端正了，并且乐意回答问题了。有了前面的铺垫，正式上课的时候，孩子们表现得特别棒，我们的课堂充满了活力。

没有最好，只有更好！感恩生活的每一次遇见。这是人生走过的一段旅程，这里有美丽的风景，这里留下美好的回忆。

第三乐章　普校筑梦

5月14日，我回到了"卓越初语"。在之后的6天时间里，我与语文组的老师跟着如诗一般的吴丹青导师来到了建兰中学、江城中学、景华中学、新世纪外国语学校学习。听了《九月》《我和我的梦》《双赢》《狼》《送友人》《孙子兵法》几节课。这其中，有作文指导课、阅读课、古诗文阅读课以及拓展课。我们还参加了杭州市初中古诗文阅读研讨会，行程真是紧锣密鼓，收获也是异彩纷呈！

普校的跟岗让我看到了课外阅读对提高学生语文素养的重要性。所到学校都有一个共同的特点，那就是充满浓郁的书香气息，阅读区随处可见，而且布置得非常雅致，各类课外书籍随手可及。从课堂上看，学生的知识面较广，思维活跃，表达能力较强。我想，这离不开学生的课外阅读，离不开大量的课外知识的积累。这正验证了教育家苏霍姆林斯基曾经说过的一句话：让学生变聪明的方法，不是补课，不是增加作业量，而是阅读、阅读、再阅读。反思我们有些学校，不舍得把钱投到图书室的建设上，或者虽有图书室，却把图书锁在里面，每星期定期开放，总怕学生把书损坏、遗失。学校的阅读课形同虚设，上成了语文课。读书活动也仅仅是在"世界读书日"搞搞形式，没有序列化，不成体系。

深入文本的研读，在读中质疑、读中思疑、读中解疑，在诵读中与作者的情感产生共鸣，体会文本所表达的思想感情，是一节语文课成功的关键要素之一。我特别欣赏《九月》这节课的设计。执教者基于学情，巧妙地对一首极有韵味甚至深奥难懂的现代诗由浅入深地研读，层层剥开诗歌内容，最终结合知人论世来解释全诗。我还欣赏《送友人》一课"见山是山，见水是水；见山不是山，见水不是水；见山还是山，见水还是水"的设计思路。短短四句诗，李老师让学生正确朗读、流利朗读、有感情朗读，读山读水读离情。这些课使我了解了语文教学的归宿就是语言！

相遇是歌，这首歌让我难忘。感恩生命中的每一次遇见！

梅香清隽，绿萼绽放

——记广东省李敬梅名师工作室启动仪式暨首次学员跟岗培训活动

橙黄橘绿，绿梅吐香，

鸿雁展翅，信鸽飞翔，

瑞兆丰年，秋实蕴芳。

人间最美是金秋，人生最暖是相聚。2018年11月7—9日，广东省李敬梅名教师工作室成员、学员携手特邀嘉宾相聚河源市博爱学校，共同见证了工作室揭牌仪式，并开展了首次学员跟岗培训活动。

风递幽香出，禽窥素艳来。

明年如应律，先发望春台。

11月7日清晨，阳光暖洋洋地照在温馨而素雅的工作室窗台上，折射出七彩的光，映在一张张笑靥如花、朝气蓬勃的脸庞上。笑语声声，妙语连珠，给工作室带来勃勃生机和喜气，这是工作室成员、学员的首次"家庭聚会"。

在其乐融融的名字接龙破冰游戏过后，来自潮州市、河源各县（区）及河源市博爱学校的成员、学员迅速熟悉起来。许春花校长也来到大家中间，送来温暖的祝福和鼓励。许校长对能来我校参加跟岗学习的工作学员表示欢迎和祝贺，希望学员在参加工作室期间能够做到团结合作、互相学习、包涵体谅、开花结果，在工作室主持人的带领下，共同努力，将工作室办出特色、办出成绩。

研修剪影（一）

活动伊始，我对工作室规章制度作了简要的说明，并对工作室的理念进行了解读。"尊重个性，融合发展，共同成长"，期待通过三年的学习，工作室能促进不同地区特殊教育学校的交流、学科的融合，促进学员能齐心协力、携手前行，同成长，共收获。

见面会后，我以"特殊教育教师专业发展"为题，从国家政策扶持、各地特校发展前景及工作室发展目标三个层面分析，让学员感受到特殊教育迎来了春天，找到职业认同感、幸福感。我还通过自身成长经历，引领学员坚守特教，做研究型的特教老师，在平凡的岗位上实现自己的人生价值，做有理想信念、有道德情操、有扎实学识、有仁爱之心的新时代特教老师。最后，我寄语学员：坚守课堂不忘初心，教育科研快乐前行，启智、慧聪、达明，你我齐努力！

夫学者，犹种树也；

春玩其华，秋登其实。

下午，工作室助理张丽梅主任为学员展示了一节精彩而别开生面的绘本阅读教学观摩课《鼠小弟的小背心》。张主任的绘本阅读课，倡导在情境中实现教学目标，实现各领域的完美整合，颠覆了我们传统的课堂阅读方式。她以简单的故事、简单的对话，创设了一种全无压力、轻松愉快、由浅入深的绘本阅读氛围，留给了学生自主发挥、广阔思考和想象的空间。

研修剪影（二）

　　课后，我们开展了"特殊教育绘本阅读研讨交流"活动。学员就张老师阅读课，围绕"绘本阅读教学目标的制定""绘本阅读课有效教学方法""如何选择合适的绘本"等问题展开了认真、深入的交流研讨。学员都表现出高涨的学习热情，该活动引发了激烈的思维碰撞，为绘本选择、文本解读和绘本教学指明了方向。学员纷纷表示，本次绘本阅读观摩课及"特殊教育绘本阅读研讨交流"活动让她们大开眼界，充分体会到绘本阅读对残障学生多方面能力提升的有效性和重要性，回校后一定会传承绘本阅读的智慧火种，让更多学生收获绘本阅读的快乐和成长。

　　　　　　宝剑锋从磨砺出，

　　　　　　梅花香自苦寒来。

　　11月8日，学校多功能报告厅高朋满座、热闹非凡，我们举行了简单而隆重的"广东省特殊教育李敬梅名教师工作室"揭牌仪式。华南师范大学特殊教育学博士谌小猛教授、河源市教育教学研究院何功兴院长、河源市教育局基础教育科曾伟彪科长、河源市教育教学研究院中学语文教研员骆伟山主任、河源市博爱学校许春花校长等领导莅临现场；工作室全体学员、各县区特殊教育学校的老师代表出席了本次揭牌仪式。会议由何功兴院长主持。

许校长代表学校向广东省李敬梅名教师工作室揭牌表示祝贺，对出席仪式的来宾表示热烈的欢迎。她引用"所谓大学者，非谓有大楼之谓也，有大师之谓也"为开场，阐述了博爱学校对师资培养的重视与对李敬梅名教师工作室的支持，并就如何加强名教师工作室建设、提高名教师工作室效益提了三点要求：一是狠抓教师培养，努力提高名教师工作室的工作质量；二是落实保障措施，逐步提升名教师工作室的建设水平；三是精诚合作，不断增强名教师工作室的发展活力。许校长还勉励工作室学员立德修身、奋发进取，为特殊教育的人才培养和学术繁荣做出自己的贡献。

名师工作室挂牌仪式

而后，我向大家作工作室三年规划报告。报告中，我首先真诚地感谢帮助自己一路成长的人；接着，我对工作室理念及工作室目标进行了解读，并详细介绍工作策略"四个一"：一是搭好一个平台，二是研究好一项课题，三是掌握好一项技能，四是建立好一个博客。最后，我表态有信心、有勇气、有能力战胜困难，让名师工作室发挥示范、引领、辐射的作用。

学员代表骆彩玲老师作代表性发言。骆老师代表工作室学员感谢各级领导为我们提供了一个发展的平台和实现理想的舞台，承诺将认真履行工作室学员的职责，以高标准的工作质量和严肃认真的治学态度要求自己，在"名师引领、同伴互助、自我反思"中不断认识自我、完善自我、提升自我，最终成为有真材实料、名副其实的骨干教师，充分利用工作室平台，起到示范引领作用，促进所在学校和县区教师的发展与成长，专心服务于特殊教育。

河源市教育局基础教育科曾伟彪科长在致辞中高度评价了名教师工作室的建设内涵，他说："名教师工作室的启动，是我市特殊教育领域的一件大事、一件喜事，希望名师工作室能很好地起到示范、引领、辐射作用，工作室成员以研究者的身份，围绕当前特殊教育所面临的问题开展合作研究，通过合作研究中的思想碰撞，使教师的教学实践得到进一步的凝练和提升，带动一批优秀的青年教师共同发展，打造有一定影响力的特殊教育人才成长共同体，为推动河源市特殊教育更好、更快发展做出应有的努力和贡献。"曾科长的讲话让我感到压力重重。路漫漫其修远兮，吾将上下而求索。

在亲切的寄语与热烈的气氛中，我和谌小猛博士、何功兴院长、曾伟彪科长、骆伟山教研员、许春花校长一起掀开了象征祥和喜庆的"红头彩"。"广东省特殊教育名教师工作室"的牌匾闪闪发亮，寓意工作室在李敬梅老师的带领下，定会发光发亮，走向辉煌。

> 古之学者必有师。

> 师者，所以传道受业解惑也。

揭牌仪式过后，特教专家谌小猛博士的讲座《特殊儿童心理与教育评估》为工作室学员的"入室"跟岗学习拉开了序幕。谌博士多年来一直从事特殊教育专业的学习和研究，有着丰富的特教理论知识和实践经验。讲座中，谌博士从心理与评估的概念、评估的目标、评估的过程、心理与教育评估四大方面做了全面而透彻的阐述，其中，他对前沿特教理论知识的阐述、实用特殊儿童评估方法的介绍如一场及时雨，让学员受益匪浅。许春花校长点评道：这是一场有温度、接地气、有理论、有实践、有侧重点、有指导性的、可操作性强的讲座。

同日下午，谌博士为我们讲授了专题讲座《特殊教育研究实施与文章发表》。谌博士以数据整理、案例剖析等方式逐一罗列了教师撰写论文过程中常见的问题，从研究问题的选取、研究实施、文章写作、投稿推荐等方面具体做了讲解，为我们明确了论文写作的结构、思路。谌教授说：教师做科研课题，是真实的"做"，不仅仅是"写"。教师做科研，就是让自己的教学变成研究，使自身的教学实践处于一种研究的状态。他以内容丰富、翔实、具有很强的实践指导意义的讲座内容，为学员介绍了在今后的工作中如何开展有效的实践研究、如何将实践中所获所得进行提炼，从而为自身的专业成长指引正确的方向。

　　　　积土成山，风雨兴焉；

　　　　积水成渊，蛟龙生焉。

　　11月9日，博爱学校多功能报告厅群英荟萃，学员欣喜地迎来了一场精彩的"饕餮盛宴"。广东省李敬梅名教师工作室与深圳市陈丽江名教师工作室河源教学研讨会暨河源市特殊教育学校培智教学研讨会在此隆重举行。深圳市陈丽江名教师工作室主持人陈丽江老师偕深圳市优秀教师高超莅临现场。

　　活动共观摩了三节课例，均是在今年河源市特殊教育指导中心举办的"特殊学校培智教育青年教师优质课评比活动"获得一等奖的优质课例，分别是河源市博爱学校骆彩玲教师、朱曼珍教师的生活语文课《土豆黄瓜》；李楚玲教师、欧美燕教师的生活数学课《认识圆形》；杨倩教师、钟佳欣教师的生活适应课《神奇的五官》。

　　骆彩玲教师、朱曼珍教师的课堂充满童心童趣，她们用活泼、亲切的语言，创设最本真的生活情境，带领学生走进生活，获取新知。

　　李楚玲教师、欧美燕教师的课堂，语言精练、教学严谨、有条不紊，巧妙利用游戏辅助课堂，充分发挥了教师主导及学生主体的作用。

　　杨倩、钟佳欣两位教师用优美的语言、丰富的肢体语言使得课堂充满激情和灵动。课堂中，主助教配合默契，重视实践与操作，注重调动学生多种感官，利用自己的生活体验去完成教学目标。

　　我和陈丽江教师、高超教师分别给予三节课点评和指导。点评中，我主要通过对课中每个环节的亮点的点评解读如何在课堂中落实个别化教育，如何进行高效的协同教学，如何围绕新课程目标制定教学目标，让在场的教师进一步明确如何打造高效的启智生活语文课堂。

陈丽江教师首先对《认识圆形》的教学设计和课堂教学给予了充分的肯定，并用她资深的学科专业知识指导教师如何将抽象的数学知识逐步落实到课堂中，还对如何落实教学目标，如何规范使用数学用语等给予了专业的指导。

高超教师点评《神奇的五官》这节课说道："这是一节令人舒服、欢乐的课程。"一句话高度概括了教师的基本素养及主教与助教的和谐默契。高老师还针对如何围绕新课程的核心目标去选取内容，如何有针对性地分析学情等问题做了详细的指导。最后，高教师总结：课标来源于生活，植根于课堂，最终将回归生活。

活动现场，学员神情专注，认真地听课，快速地记录，唯恐错过精彩的瞬间。

美好的时光总是那么短暂，当大家还意犹未尽地沉浸在精彩的课堂中、还在思索着专家有深度的点评时，研讨会在热烈的掌声中落下了帷幕。首次工作室学员跟岗培训活动也圆满地画上句号。学员带着梦想、带上使命踏上了归途。工作室将会坚守初心、砥砺前行，踏踏实实地践行执着追求、创新务实的工作室精神，真真切切地实现"升华成员的教育情怀、提升成员的专业素养、提炼成员独特的教学风格、提高成员的辐射示范作用"的发展目标，拓专业之路，圆特教之梦。

满怀壮志赴京师，勠力同心取真经

——广东省李敬梅名教师工作室成员、学员赴北京集体研修

2018年12月14—19日，根据《广东省李敬梅名教师工作室成员、学员赴北京集体研修的通知》精神，我工作室全体成员、学员共13人，随河源市特殊教

育骨干教师一起前往北京师范大学开展研修活动。本次研修可谓名师荟萃，精彩纷呈，我们全体成员、学员笃志学习，勤于反思，收获颇深。

开班典礼

12月15日上午，研修班在京师大楼举行了隆重而又简短的开班仪式。全国教师培训网培训部周爱华主任对全体学员表示热烈欢迎，并祝愿大家学有所获。河源市特殊教育指导中心许春花副主任对本次培训提出了"学为人师，行为示范"的希望和要求，她希望全体学员在培训中做到转变角色，好好学习；带着问题，积极交流；学有所思，学有所获；严于律己，遵守纪律。

聆听京师名师专题讲座

北京市海淀区特殊教育研究与指导中心主任王红霞老师为我们作了《教师个人成长专业化发展》专题讲座。王主任分享了她30年的成长历程，介绍了她从踏入特殊教育这方净土的默默耕耘、脚踏实地，再到转型融合教育领域的探索与实践，一路风雨、一路收获。王主任系统的理论知识、扎实的基层实践、静待花开的心态和无私奉献的精神令在场学员深感叹服！

北京师范大学特殊教育系副主任邓猛教授在《以社会发展为导向的教学策略》讲座中通过案例分析、图片展示以及播放视频的方式向大家传递了以下几个要点：其一，共生课堂关键在于主动发起行为；其二，及时反馈，纠正发展方向；其三，延迟满足，帮助自我控制，唤醒和等待主动发起。

综合课程是指打破分科课程的知识领域，组合两个或两个以上的学科构成的课程，它突破学科界限，统整知识，帮助学生认识完整的世界。如何在新课标背景下实施综合课程？北京市西城区培智中心学校副校长程文捷在讲座《培智学校综合课程的实施与策略》中为我们做了解答。她从综合主题的设计、单元主题综合教学的实施、单元主题综合教学的评价、综合课程学校的管理四方面分享了西城培智学校的实践经验。程校长还谈到在新课标、新教材背景下如何实施分科与综合课程。

北京师范大学教育管理学院副教授、硕士生导师赵德成教授在《有效教学的构建与反思》讲座中介绍的过程自主愉悦、内容联系生活、结果全面高效的课堂模式让我们耳目一新。赵教授让我们不断反思自己在教学中的一些做法，明白对学生多"肯定"、少"但是"、多宽容、多赏识的重要性。

北京师范大学教学部钱志亮教授为我们带来了专题讲座《特殊教育的理论基础》。钱教授从认识什么是理论基础、了解讨论理论基础的意义出发，拉开了西方特殊教育理论基础的帷幕。他用生动活泼的语言依次介绍了进化论、遗传学、优生学、解剖学、感觉论、智力测量理论、点字盲文、助听器对特殊教育发展的意义。例如，进化论帮助盲人缺陷补偿、点字盲文完全改变盲人命运、解剖学从唯物主义看残疾等。一场轻松愉悦的讲座令学员兴致满满，意犹未尽。

北京联合大学特殊教育学院特殊教育系刘全礼教授在《做一个优美儒雅的教师》讲座中告诉我们，要做一个优美儒雅的老师，生物美固然重要，社会美更重要，要内外兼修，有知识、有能力、有态度。到哪座山砍哪里的柴，到哪座山唱哪里的歌，在其位谋其政，对特殊学生的教学，讲求"苦苦等待，大剂量训练"。刘教授的讲座发人深省，值得每一位学员深思。我们立志用自己的知识、能力、态度、行为举止影响下一代。

走访京师名校

满怀壮志赴名校，勠力同心取真经。为学习借鉴国内名校的先进办学理念，我们带着诸多疑问和无限期盼踏进了北京健翔学校两所校区（前身北京海淀区培智学校、北京市第三聋人学校）。通过健翔学校领导的介绍、引领参观和相互交流，我们领略了北京健翔学校的先进理念和特色文化，目睹了健翔雄厚的师资力量，他们对教师培养的专业化和对学生教育的个性化让我们有了更深的领悟和反思，彼此的差距让我们深感特教之路任重而道远。

他山之石，可以攻玉。京师学习之行让我们拓宽了视野，学到了不少管理与教研、教学与成长的秘籍。"学为人师，行为示范"，我们将不负芳华，厚重积累，为成为"学习型、研究性"特教领军团队继续砥砺前行！

汇聚璀璨上海 共享学术盛宴

——广东省李敬梅名师工作室赴上海研修

2019年6月23日，我工作室几人穿云破雾来到海纳百川、卓越睿智的上海，参加2019年广东省"强师工程"名教师工作室主持人团队专项研修培训。

此次培训历时6天，培训内容丰富，有专家讲座、名师经验分享、名校实践观摩，还有破冰之旅和学员晚会，6天的学习使我们收获满满。

专家讲座

6月24日，简短的开班仪式结束后，华东师范大学全纳教育研究中心的邓志伟教授作《核心素养与课程教学改革》专题讲座。

邓教授从核心素养时代的来临、课堂教学问题的剖析、课程教学改革的相关建议三个篇章，讲述了21世纪核心素养5C模型，并给在座的老师们提出了课程教学改革的六个建议。路虽远，行则将至，事虽难，做则必成。我们相信在邓教授的理论指导下，定会有所收获。

24日下午，继续教育网的张晓明教授给大家带来一场"及时雨"般的专题讲座——《研创教学成果：名师在发展的新引擎》。张教授采取"针对关键理念""基于专业视角""瞄准疑难问题""链接实践情境"这四种方式给我们讲了以下内容：寻求名师成长的"第二曲线"；研创教学成果、厘清教学成果的"来龙去脉"；提升专业境界、破解成果锤炼的"行动密码"；铸就发展新引擎。张教授用自己过往的实践经验结合典型案例，为我们做出学理诠释，并给予具体的方法指导。学员纷纷表示，这是一场"接地气"的讲座，解决了我们心中的困惑。在与张教授的思维碰撞中，我们的思想得到了升华，理念得到了提升！

6月25日上午，张民选教授给我们带来了一场主题为《TALIS与教师专业能力提升》的讲座。TALIS是OECD（经济合作与发展组织）开发的四大国际教育评价项目之一，它主要针对教师的专业发展、教学信念与实践、工作条件和学习环境进行调查。首先，张民选教授分享了TALIS对上海学生学业、教师成长等方面进行的问卷调查并与国际平均水平进行对比，证明了上海教育取得的成绩，也证明了TALIS的运用价值。接着，张教授给我们具体讲解了如何提高"1+5"关键专业能力，即德育能力、本位性知识能力、作业命题能力、实验能力、信息技术能力、心理辅导能力。张教授的讲座为我们的成长指明了方向。

25日下午，浙江大学教育学系主任吴雪萍教授给我们作了题为《国际基础教育的改革与发展》的讲座。吴教授从国际上的教育改革两大主题——教育公平和教育质量入手，引出新时代教育五大理念（立德树人理念、全面发展理念、教育公平理念、教育质量理念、终身学习理念）并对这五大理念进行详细诠释。围绕如何践行这五大理念，吴教授从推进全民优质教育、制定教育质量标准并进行检测、改革基础教育的课程、培养适应全球化发展的国际公民、重视培养学生的创新能力、建立问责制度、培养优秀教师等七大方面一一阐述。

6月26日，在烟雨蒙蒙的早晨，我们迎来了"双特"教师祝庆东教授带来的《名师工作室研修活动的创新设计》专题讲座。祝教授以六位老师的评课发言案例引出"话题并不等于主题"这一观念，从研修主题确立的视角、研修方案设计的要素、研修活动实施的策略、常规研修活动的策划、活动设计成果评选等方面手把手地教我们如何开展工作室研修活动。祝教授的讲座让我们享受了一次教育科研的"饕餮盛宴"。

经验分享

26日下午，张颖、黄岱等12名工作室主持人向大家分享各自工作室的成功经验，如工作室环境的建设、交流研讨活动的有效举措、探索课程开发之路、跟岗学习活动的独特之处和送教下乡的辐射作用等，这些经验对在座学员有着很好的借鉴作用。"独行速，众行远"，我们期待共同成长，打造工作室特色品牌。

文艺会演

26日晚上，我们开展了破冰之旅和文艺晚会活动，12个小组依次介绍了各自的口号和富有内涵的组徽设计理念。同时，一场异彩纷呈、别具一格的晚会拉开了帷幕，晚会上有感动全场的歌舞《相亲相爱一家人》、有趣的魔术表演、深情的诗朗诵《我骄傲，我是一名老师》及温暖人心的戏剧《夜半》等。现场笑声不断，掌声不停，幸福的笑容洋溢在每一个学员的脸上。短短两个多小时让我们的团队力量发挥得淋漓尽致。

探访名校

27日上午，我们全体学员分兵两路前往嘉定二中和嘉定区教育学院进行参观学习。

50多名学员在白教授的带领下走进嘉定二中，立刻被校园内浓厚的人文景观吸引了。李园中"一湖、一山、一廊"的美景令人流连忘返。更让我们震撼的是，校园内集聚了森林生态文化教育馆、中国古代历史文化教育馆、科技教育馆三所展馆。行走在三座展馆中的我们如同身处博物馆，在多维视觉与人文知识的冲击下惊叹不已！

在领略了校园智慧育人的风光之后，我们齐聚在报告厅聆听了周凤林校长的报告《厚实人文底蕴，提升科技素养》。周校长详细阐述了嘉定二中的办学理念、课程建设和文化建设，并分享了他主持工作室的经验。这次参观学习令人震撼折服，我认为嘉定二中的创新教育和核心素养的完美融合正是我们基础教育应该尝试和努力的目标。

结业典礼

27日下午，全体学员齐聚会议室参加了一场简而精的结业典礼。学员代表陈晓君老师用"三点幸福"表达了个人的培训感言，优雅而智慧的白教授满怀深情地对全体学员寄予厚望，她希望全体学员重新确立工作室定位，树立全面科学的质量观，创立工作室品牌，创新工作思路，以点带面地培养更多的名师。

本次上海研学，我们享用了一顿学术盛宴，领略了上海名校风采。我们坚信他日返岗，我们定会取其精华，努力探寻更科学、更优质的教育。

金陵名教汲真知　特殊教育同发展

——广东省李敬梅名教师工作室赴南京研修

2019年8月18—24日，我工作室成员、学员一行8人到素有"六朝佳丽地，金陵帝王州"美誉的南京市参加特殊教育高级研修班学习。

8月19日上午，培训班举行了简单的开班仪式。全国教师培训网培训部主任周爱华在开班仪式上致欢迎辞。她希望通过此次学习，能够帮助老师们了解前沿的特教理念，借鉴南京市特殊教育管理、教育教学的丰富经验，有效提升教师个人专业能力和综合素养。河源市特殊教育指导中心副主任许春花从感谢、目的、珍惜、期望四个方面要求全体学员珍惜来之不易的学习机会，在培训的过程中提高认识，明确角色定位，做到遵纪守法、服从管理、携手并进、共同进步，充分利用课余时间温习功课，学懂、吃透所学内容，并在以后的工作中学以致用。

开班仪式后，南京特殊教育师范学院教授王培峰给我们带来了主题为《基础与趋势：特殊教育理论的时代把握》的讲座。王教授用其极为丰富的知识从特殊教育内涵分析、特殊儿童及其演变、全纳教育内涵等七方面给我们讲授了时代给特殊教育带来的变化，使我们对特殊教育教学有了更深的理解。

下午，南京特殊教育师范学院的盛永进教授给我们带来了《培智学校国家课程校本实施国际比较》专题讲座。盛教授用丰富的例子，给我们讲解了培智学校国家课程标准与实际作用中的问题，指引我们很好地去剖析和解决实践教学中遇到的困难和问题。盛教授用各种例子讲解了各种关于培智学校国家课程的国际比较案例，使我们受益匪浅。

8月20日上午，工作室成员和研修班其他学员一起来到了南京市育智学校进行参观交流。在南京市育智学校校长王淑琴热情的接待下，我们参观了学校的资源教室、常规班级、心理咨询室、音乐治疗室等特色教室，王校长也耐心地为我们介绍各场室的功能。随后，王校长为我们专门介绍了本校随班就读方面取得的成果，让我们知道随班就读是国家特殊教育的大势所趋。接着，周红梅副校长分享了专题讲座《科研引领促教师专业成长》，着重从课题研究的重要性及必要性等方面阐述科研对教师专业成长的影响，让我们明白了课题研究跟我们日常的教育教学息息相关，只要我们做教育的有心人，善于发现，勤于思考，勤于动笔，就可以进行课题研究，从而提升我们的专业素养，更好地让每一个特殊儿童享有公平而有质量的教育。最后，我们还参观了南京市建康路小学的资源教室，通过本校老师的介绍，我们了解到随班就读对本区域特殊儿童的帮助效果显著。

下午，南京市育智学校校长王淑琴为我们作了专题讲座《资源中心支持服务引领随班就读发展》。王校长讲述了随班就读资源中心的运作实践、新时期随班就读支持系统认识和普校资源教室建设的实践思考三方面内容。她强调要做好随班就读工作就要有一个完善的工作体系为随班就读提供多元支持，还要培养专业人才确保随班就读工作的质量。最后的内容是普校共享资源，合力推动发展。

8月21日上午，我们聆听了《现代特殊教育》编审沈玉林老师的《聋校语言教育问题研究》专题讲座。沈老师为我们全面梳理了世界聋校语言教育的发展史，让我们认识了聋教育在世界和教育上的变革，让我们更加明白，聋人群体是每一个社会都存在的语言和文化上的少数族群，应该得到重视。她告知我们要坚持以人为本的课程思想，适合学生的才是最好的。

下午，优雅、知性的《现代特殊教育》杂志展雷蕾副主编给我们带来了精彩报告《基于专业发展的特殊教育写作》，我们得益良多。展老师从特殊教育研究的主要领域和存在的问题，及特殊教育研究课题的选择等方面告诉了我们教育写作是教师专业成长的关键路径之一。我们只有静下心来，认真上课，积极研究与反思，才能从匠师逐步成长为名师！

8月22日上午，南京市鼓楼区特殊教育学校黄艳萍主任作了题为《培智学校〈绘画与手工〉课程标准解读》的讲座。黄主任通过课标研制的背景与过程、课标体例和表述方面的特征、课标内涵解读及实践三大方面为我们详细解读了《绘画与手工》课程标准。通过认识课标，我们能进行更有针对性、更符合学生特点的教学。通过了解研制课标的过程，我们认识到课标研制的不易，认识到要认真严肃地对待课标。通过课标的整体解读、教学方式方法及相关课例分享，我们学会了解读课标的方法，对课标有更深刻的认识。

下午，工作室成员跟随研修班前往南京市鼓楼区特殊教育学校参观交流。南京市鼓楼区特殊教育学校赵艳霞校长对我们的到来表示热烈欢迎。在赵校长的带领下，学员参观了该校的校园，了解了该校的环境建设、班级文化建设、软硬件设备建设、功能场室建设，亲身感受不一样的特校风采，收获了宝贵的特校办学经验。

参观过后，赵艳霞校长作了题为《凝心聚力开拓进取，融情汇智砥砺前行》的专题讲座，为我们介绍了学校的基本情况、课题研究情况以及随班就读巡回指导工作等方面内容。讲座令我们惊叹于他们体系的完善，感动于他们为特殊学生所做的努力。我们将认真学习他们的经验，开拓进取，砥砺前行。

8月23日，是我们来到南京研修学习的第六天，学员们学习热情依旧高涨。上午，南京特殊教育师范学院李晓庆教授带来专题讲座《特殊儿童的教育诊断与评估》。李教授采用理论与实践相结合的方法，详细、系统地讲解了给班上的特殊学生做评估、诊断的方法。在讲座中，她结合实际案例，就如何根据特殊孩子所表现出来的不同特质设计相应的教育方法，为大家今后的工作提供了指南。

下午，我们在会议厅隆重举行了结业典礼。结业仪式上五名小组学员代表与大家分享了这次研学的所感、所思、所悟。学员纷纷表示这次的培训形式多样、内容丰富，让每一位学员都开阔了眼界，收获满满，受益匪浅，回去必将

研修纪实

进行整理学习并消化吸收。在今后的教育教学实践中，采他山之玉，纳百家之长，慢慢地走，细细地教，在教中学，在教中研，在教和研中走出自己的路。最后，河源市特殊教育指导中心副主任许春花校长对本次培训进行了总结，并对我们寄予厚望：时刻拥抱理想、学以致用、持久苦干、坚持学习。

短短几天的研修虽已结束，但思想在我们的头脑中，工作在我们的手中，坐而言，不如起而行！路虽远，行则将至；事虽难，做则必成。让我们借此次学习的东风再次携手启航，拼搏进取圆特教之梦。

漫漫求索路　殷殷教育情

——广东省李敬梅名教师工作室赴潮汕地区特殊教育学校开展教学交流活动

沐着冬日暖阳，迎着和煦微风，广东省李敬梅名教师工作室成员、学员一行在主持人李敬梅的带领下于2020年12月8—12日赴潮州市潮安区育智学校、汕头市潮南区特殊教育学校开展教学交流活动。

深入课堂　精准把脉

工作室学员林小秋老师上了一节启聪语文汇报课《四季》。课堂上，林老师运用生动形象的课件演示、以目代耳的直观教学、有趣的情境表演、图文结合的说练环节，让学生了解了四季景物。

潮安区育智学校庄微老师上了一节培智生活语文观摩课《好吃的早餐》。这是一节生活语文课，以潮汕地区特色美食为教学内容，从学词到学句，由浅人深、层层递进开展教学。学生积极参与到课堂活动中。

工作室主持人李敬梅对两节课进行了点评，对如何发展聋生语言、如何上好聋生语文课、如何在培智课堂教学中落实个别化教育给予了具体的方法指导。在场的领导和老师纷纷表示，李老师精准把脉，解决了他们的课堂教学的困惑。相信有了这次"良方"，老师们的课堂教学水平定能得到提升。

第二个环节是工作室主持人李敬梅老师的讲座《培智学校校本课程开发与实施》。如何基于国家课程开发校本课程是潮安区育智学校的一大难题。李老师主要从五个方面进行分享：①为什么要进行校本课程的开发；②校本课程的核心概念；③如何开发校本课程；④校本课程的实施；⑤校本课程的评价。其中，她重点就如何开发校本课程和课程实施进行了详细的介绍。老师们听后对校本课程有了更深入的了解，明晰了开发校本课程的思路和方法。

同课异构　勾画新天地

第二天，伴着微风细雨，我们来到了美丽、温馨的潮南区特殊教育学校，与该校老师进行了同课异构交流活动。工作室张丽梅、刘素菊老师和潮南区特殊教育学校的黄子婷、李妍彤老师分别展示了培智生活语文课《认识水果》。工作室王敏老师在聋生、培智融合班上了一节英语观摩课Unit 2 Colours。

黄子婷、李妍彤两位老师采用各种教具激发了学生的学习兴趣。课堂中，老师紧紧围绕四种水果的形状和颜色展开教学，让学生对水果有了直观的认知。

张丽梅与刘素菊老师的课以学生为本，注重学生听、说、读训练，主教助教分工明确，落实个别化教育方法，在游戏环节融入了康教理念，让学生在玩中学、学中玩，课堂体现"圆、实、新"。

王敏老师执教的这一堂课，思路清晰，环环相扣，活动扎实有效。她以新课程理念为指导，充分考虑学生特点，字母教学方法形式多样，活动设计丰富多彩、有效，将热闹的形式与有效的语言实践有机结合，让学生收获了学习英语的快乐!

当天下午,老师们对三节优质公开课进行了评课交流。首先,三位主教老师分别从教材分析、教学目标、教学重难点、教学方法、活动过程等方面进行了详细的说课。其次,工作室主持人李敬梅、潮南区特殊教育学校刘育卿校长和龙湖区育智学校洪新淦校长对这三节课依次做了点评。其中,李敬梅老师分别从培智课堂"教什么""怎么教""教的怎么样"三方面提出了宝贵建议,得到了其他老师的共鸣。最后,双方领导为五名授课教师颁发了荣誉证书,鼓励老师们继续秉持特教初衷,勤恳敬业,开拓进取,打造更高效的课堂。

第二节　赴澳大利亚研修日记

期待三年之久的澳洲学习之旅终于敲定了行程，2018年11月21日—12月8日，共18天。我们省百千万文科班的同学将在地球的南端度过一段难忘的学习时光。由于学习时间较长，内容烦琐，故以日记形式呈现此次的澳洲之行，点滴记之，深刻于心。

漂洋过海来看你

——记广东省百千万名教师培养对象赴澳大利亚研修的18天

为"健忘"买单

2018年11月22日　星期四　晴

今天，广东省百千万人才培养工程初中名教师培养对象文科班赴澳大利亚访学团出发啦。有机会到国外开拓教育视野，大家都兴奋不已。简单的行前培训之后，我们登上了广州白云机场直达澳大利亚阿德莱德的航班。

行程长达9个小时，我们漂洋过海，终于从北半球跨越太平洋，到达了目的地。怎么说呢？我该给自己的健忘买单。到阿德莱德海关的时候，警察牵来警犬检查我们的行李，小可爱来到我的包前嗅了嗅，"汪汪"地叫起来，不肯离去，我很友爱地跟小狗打招呼，竖起大拇指表扬它。它仍然不肯离去，哪怕警察给他食物。天啊，我这才醒悟过来，我竟然完全忘记了包里有一个石榴，而且没有报备。我马上拿出报备卡片认真查看违禁品，植物果实、种子……警察把我叫到一边，用英语跟我讲什么，但是我听不懂。我很抱歉地说："Sorry, I Can't speak English."警察请来了一个热情的中国姑娘帮忙翻译。我懊悔不已，连忙说："非常抱歉，我完全忘记了自己包里有石榴。"我一边说，一边用手语和警察示意。警察也大概明白了我的意思。他开始翻我的包，把石榴取出来，告诫我这是违禁品，还问我有没有带其他不该带的东西。我马上说："没有，绝对没有。很抱歉！"警察大叔有点年纪了，他说了什么我不清楚，翻译告诉我，下次要注意，这是要罚420澳币的。最后，警察笑着说："你可以离开了，这次原谅你。"我悬着的心总算放下来，深深呼了口气，走出了海关。感谢警察大叔的通融，我想起出发前小颖说的一句话："你看上去就是一个很和善的人。"常怀感恩之心，真诚、友善、谦虚、热情，在关键时刻能帮助我们逢凶化吉，我确信这一点。

他山之石

2018年11月22日　星期四　晴

澳大利亚虽然已是春夏之交，但仍然寒气逼人。阿德莱德的天空是湛蓝的，街边的建筑别具风格，路旁的蓝花楹开得正旺，蓝莹莹的花瓣随风飘落，撒了一地，鸽子在街上悠闲地溜达，完全不顾来来往往的行

阿德莱德的街景

Quest公寓

人。人与动物和谐共生，友好相处，让人心生欢喜。据说澳大利亚有三怪：空气能卖、苍蝇能卖、草能卖。袋鼠岛的雨水还能直接接来喝。难怪阿德莱德能称为全球最宜居的城市。

我们来到了居住地，Quest公寓。这里的居住环境还不错。我和晓春、晓霞、石梅、秀荣住一块儿，三房六床，厨具、家具、家电、咖啡、牛奶非常齐备，洁净而舒适。真好，当我们不想吃西餐的时候可以动手做做中国菜。

匆匆吃过午点，下午1：20，我们步行约500米到南澳州政府教育部学习。教室里插着中国国旗和澳大利亚国旗，挂着灯笼、脸谱、扇子、苏绣、斗笠、木雕、唐三彩等中国元素让我们倍感亲切。当然，还有可爱的考拉和袋鼠。

南澳州教育部国际教育处处长玛丽琳·斯力女士致欢迎辞，她向我们介绍了南澳州政府的教育许诺：鼓励更多的学生读职业培训学校，培养创新型人才，开展多元教育等。

简单的欢迎仪式过后，Golden Grove High School学校的校长从南澳州政府对学校的经费投入、教师人力资源、教师管理、教师聘用、教师晋升、各岗位人员选拔、班额等视角向我们介绍了学校的措施，让大家对南澳州的教育有了一个大概的了解。其中值得学习借鉴的有以下几点。

1. 校长聘任制

澳大利亚学校校长聘任程序：个人申请—面试（由教育部官员、兄弟学校校长、教师、家长面试）—推荐信（原任单位推荐）—聘用。校长5~7年为一个聘任周期，周期结束自动解聘。解聘后如想继续任职需重新竞争。

2. 职务年薪制让干部不敢懈怠

我国事业单位领职称工资，工资与职务无关。学校管理岗位人员，讲的是责任担当和无私奉献。分管教科研、后勤、办公室的领导除了日常教学工作，还有诸多行政事务。阿德莱德的做法是：校长年薪最高，依次是副校长、助理校长、课程组长、年级长、学生福利老师。

3. 能力顾问委员会参与学校管理、决策

能力顾问委员会由校长、工会代表、教师代表、辅助员工代表组成，负责学校预算、沟通员工、学校招聘广告的制定和发布。这样能充分调动各部门优秀教职工参与学校管理。

4. 人性化的教师考核

在阿德莱德，如果教师教学质量不高，学校会组成专门人员与教师座谈，依据教育部制定的七大准则和平时对教师的观察，帮助教师诊断，看看是因为专业发展不利，分派导师没带好，还是家庭或身体原因导致的。诊断小组会根据教师情况做出可行方案，帮助教师成长，解决问题。这样的做法非常人性化。

彼得校长分享后，两位学生管理主任给我们介绍了如何对学生进行时间管理、积极教育、领导力培养，配合视频介绍，非常生动，很有借鉴价值。

每次分享后都有提问时间，我抓住一切时机了解澳大利亚特殊教育的情况。

问题一：贵校有没有特殊孩子，怎样实施教学？

彼得校长回答：我校有70个有学习障碍儿童，25个肢体障碍、自闭症儿童。我们会与家长、老师一起制订教育计划，政府对自闭症儿童会配专业教师，一个星期做一次指导来帮助特殊孩子融入班集体学习。

问题二：南澳州有多少所特殊教育学校？怎样界定孩子到主流学校学习还是到特校学习？

彼得校长回答：南澳州大概只有1~2所特校，我也不是很清楚。特殊孩子主要融入普校就读。我校共有50名学习障碍学生，分5个教学班，每班10人。教学上主要是开展课外活动、社团活动，培养学生融入社会的能力。残疾严重的到特校就读，但家长提出要求在主流学校就读，我们也不能拒绝。

美好的遇见

2018年11月22日　星期四　晴

　　今夜，南澳州政府教育部业务经理王振民博士在Quest公寓对面的唐人街水井坊设宴接待远道而来的我们。大家聊得尽兴，纷纷表示感恩百千万项目组的海外培训，南澳州政府教育部国际教育处陈颖老师为我们这一桌送来了一个生日蛋糕，她说："今天很特别，我们当中有一位老师过生日，大家祝她生日快乐！"我心里咯噔一下，11月22日，啊，今天是我的生日！同伴们热情地唱起了生日快乐歌，陈老师点亮了蜡烛，大家前来祝贺、拥抱。英语组再次唱响《生日快乐》，艺术科组伍老师唱起了《北国之春》，政治组晓春姐唱响了《我爱你中国》，现场高潮迭起。我感动得眼泪在眼眶直打转，没想到，在异国他乡，能和一群兄弟姐妹及国外友人一起共度自己的生日。后来，随行翻译常芳芳博士告诉我，其实澳大利亚接待处早已有计划在今晚为我庆祝，常博士也保密了很久。感恩如此美好的遇见！

有纲无本的澳大利亚教育

2018年11月23日　星期五　晴

　　上午，阿德莱德高中助理校长海伦给我们介绍了澳大利亚教学大纲，他的助手介绍了如何在教学中兼顾不同能力的学生，以及进行学生评估。2014年以前，澳大利亚没有统一的教学大纲，每个州各自为政。2014年，为了让全国的学生有统一的学习目标，澳大利亚教育部制定了教学大纲。至此，教学大纲从幼儿园到中学有了全国统一的模式。

　　澳大利亚教学大纲有八大学习领域（英语、数学、人文科学、历史、艺术、设计与技术、体育、语言），七大基本技能（读写能力、算数、信息和沟通技术、创新思维、个人与社会能力、道德认识、跨文化的理解），三个优先考虑（原住民与托雷斯海峡海岛居民历史文化、维持澳大利亚和亚洲的关系、可持续性发展）。国家没有统一的特殊教育教学大纲，但维多利亚州有，其他各州可以参考使用。

澳大利亚的课程有两个基本方面，即教学内容的描述和学生成绩标准（技能目标和知识目标）。教师的教学方案设计从学生学习成绩标准出发，确定教学内容和教学方法。英语和语言两门课程例外，有更详细的标准。

英语，学前班到十年级统称基础英语。十年级后叫文学，包括对文字的理解、欣赏、反思、创造文学等。

数学领域，学前班到十年级统称基础数学。十年级后有普通数学、数学计算方法、数学应用。

科学，学前班到十年级统称基础科学。十年级后有生物、化学、地球与环境、科学与物理。

艺术，包括舞蹈、戏剧、媒体艺术、音乐和视觉艺术，小学一年级学习所有五门课程。

设计和技术，学生学习传统技术，如木工、铁匠等，以及现代新兴技术。

体育，包括理论和实际活动两部分。教学目的是学生参与、体验，帮助身心健康发展。

语言，小学开设外语课，因为澳大利亚是多文化国家，学习语言可以让学生理解多元文化背景。外语包括阿拉伯语、澳洲手语、中文、意大利语、韩语、希腊语、西班牙语、越南语、德语、法语、印度语等。

2008年，全国没有统一测试，中小学生评估主要是语言、数学，三、五、七、九年级有全国统考，成绩评估分1～10级，10级为最高级。三年级在1～6级，五年级在3～8级，七年级在6～9级，九年级在5～10级。语言分读、写两套试题。考核信息放在"acara"网站上，供家长为孩子择校时进行参考，供教师根据学生情况进行教学设计，供教育行政部门制定有针对性的教师培训方案。全国考试用电脑作答，有选择题、简答题、写作题。试题难度分A，B，C，E，F等级，电脑会根据学生的答卷情况进行评估，自动分配题目难度，让学生积极地去应试，考出最佳水平。特殊学生也一样参加全国统测，但可以视学生情况加长考试时间或配辅助老师。每年5月份考试阅卷，第二年3月份公布考试结果。每年7、8月份命第二年的考题，历经18个月。命题流程是由各州先组织教师命题，再由国家考试中心组织专家从各州的试题中选择出适合的题目形成一套试题，然后给学生模拟测试，最后形成全国考卷。试题要体现综合性、普遍性，能符合各个地区的学生。

通过今天上午的学习，我感受到澳大利亚是一个多元、开放、包容的国家。澳大利亚教育尊重个性、融合多元文化、注重学生创新思维发展、培养积极自信的公民。澳洲没有统一的教科书，老师们在大纲的指导下根据学生的实际进行教学设计并实施教学，这对老师的教科研水平有很大的挑战，也为老师提供了宽阔的平台和自主的空间。

2018年12月4日，澳大利亚政府教育课程学习与教学高级经理Martin Hine和澳大利亚考试中心主任Ken Gordon在堪培拉教育培训中心对教学大纲和学生考核也做了介绍。

澳洲特殊教育

2018年11月23日　星期五　晴

今天中午12：30下课，13：00接着上课，半个小时的午餐时间，我赶忙在南澳州教育部旁边的华人快餐店花12澳币吃了一碗面条。时间虽短，但还是可以边用餐边欣赏路边美丽的风景。下午，给我们讲课的是南澳州特殊教育资源中心的Rachel老师。从Rachel老师的讲解中，我对南澳州的特殊教育有了大概的了解。

南澳州尊重每个公民受教育的权利，尊重孩子的个性发展。南澳州残疾适龄儿童少年的安置模式有：普通学校特教班、普通班特教组、特殊教育学校。南澳州共有15所特殊教育学校，有1个特殊教育资源中心，24个特殊学生支持中心。除了少数重度残疾儿童在特殊教育学校就读，大多数有特殊需要的学生都在普通学校融合教育，65.9%的学生就读于普通学校，有些州甚至达到86.7%。

特殊教育资源中心里有各类残疾学生的支持辅具，负责所有特殊教育教师的培训，资源中心的专业老师定期到特殊学生支持中心指导教育教学，给特殊教育支持中心提供物质资源和专业帮助。南澳州特殊儿童鉴定由语言学家、心理医生、教育部专员进行，家长发现孩子异常便带孩子到专门机构去做鉴定或学校请有关人员到学校给孩子做鉴定。

南澳州1992年颁布《残疾人歧视法》，法律规定：争取尽可能消除一系列领域对残疾人的歧视。要给残疾人工作、住宿、教育、进入宿舍、俱乐部和体育的机会以及提供货物和服务，歧视残疾人是非法的。

澳大利亚联邦通过了教育标准，标准具体规定了残疾学生如何获得教育和培训。标准涵盖了如下领域：招生、课程开发、认证、学生支持服务、消除骚扰和受害者。教育标准表明，残疾学生有权与同龄人在同等基础上接受教育，学校在向残疾学生提供服务时，必须灵活变通。学校须与学生或其监护人商议，决定学生的教育需要及为他们做出规划。

在办学经费支持方面，澳大利亚对学生的支持程度取决于学生的教育需要。资金通过一个基于需求的系统来确定。需求水平包括学生的课程、语言、社交能力、运动技能等。每个州的支持资金略有不同。在维多利亚州有7类残疾可以得到资助：智力障碍、听力障碍、行动障碍、视力障碍、自闭症、语言与沟通障碍、情绪障碍。政府给予学校补助，一年6～12万不等。

在特殊教育教职员编制方面，澳大利亚没有明确规定，一个班8名学生，可能是1个老师和1个助教，也可能是1：1教学，视学生残疾程度而定。

在特殊教育师资培养方面，新南威尔斯州和西澳大利亚州，所有职前教师都必须完成与有效教授残疾学生有关的课程。任何一所州立大学的毕业生，如果没有接受特殊教育的强制性组成部分，教育和培训部就不能雇佣他。

在特殊教育学生考评方面，所有学生都必须参加NAPLAN计划下的全国考试。

近十年来，我国对特殊教育日益重视，《国家中长期人才发展规划纲要（2010—2020）》《"十四五"特殊教育发展提升行动计划》《特殊教育教师专业标准》等的颁布实施足以证明国家对特殊教育的重视程度。作为中国的特教人,我深感幸福。

走进阿德莱德中学

2018年11月26日　星期一

阿德莱德中学外景

蓝花楹盛开的校园

今天早上8：30，我们第二小组五人步行来到阿德莱德中学跟岗。这是一所历史悠久的百年老校，校园不大，但有古色古香的建筑，蓝花楹开得异常灿烂，花朵开满了校园，芳香四溢。这蓝花楹又叫考试花，花开时节就是高考的时候。高考，对阿德莱德的学生来说，是绽放，是盛开，是芬芳，是期待，是向往。

该校的教学理念是：不只为了学习也为了生活。校长助理海伦带我们参观了校园。学校没有高高的围墙，没有漂亮的大门，走进学校，大堂摆着各种荣誉奖杯，但海伦没做介绍。大堂以人权宣言为主题，有三幅学生的优秀绘画作品，从不同视角去表现尊重人权的理念。除此之外，还有一个妇女儿童权益白丝带展区。每条走廊墙上展示的都是学生主题活动照片，通过竞选产生的学生干部介绍学生作品和优秀学生。我特别喜欢阿德莱德中学的图书室，它是一个开放的空间，没有大门，里面除了图书还有供小组阅读的桌椅以及电脑。周围用玻璃间隔开了好几间课室，是供学生自习、讨论问题或教师辅导学困生用的。此时，有的学生在看书，有的学生在讨论，有老师在辅导学生功课。

图书室

中学生的职业生涯规划

在参观职业教育部的过程中，我们向教中文的周敏老师了解了阿德莱德中学的职业教育课程。澳大利亚非常重视培养学生的动手实践能力和生活技能。每一所中学都设有专门的技能培训教室，供学生学习水电工、木工、汽车修理、缝纫制作、电脑制作、广告设计、舞蹈、乐器、摄影、西餐制作、用餐礼仪等。通过学习，学生大多能掌握水电维修、缝纫、电脑制作、汽车维修等日常职业技能，有的甚至能掌握驾驶飞机、修理飞机等特殊工作技能。周老师说中国人口多，清洁、水管、电工等工种有大量人力去做，人工费也不算高。但在澳大利亚人口少，人工贵，如果花费3~4小时清洁19

技能培训

平方房间，需支付人工110澳币，相当于人民币550元。普通家庭都消费不起，所以学生需要在中学阶段学习各种生活技能。

这里的孩子们在学生时代就做好职业生涯规划，在10年级结束后就要确定自己是考普通大学还是选修职业课程。职业教育课程被纳入中学教学大纲体系，如SACE（南澳中学教学大纲），不仅可折入高中毕业学分，还可以直接计入TAFE（职业技术教育学院）学院的总学分；学生在12年级毕业后，如果不参加普通高考，可以直接注册学习TAFE学院课程。

TAFE学院采用全国性认可与互通的职业培训教育体制，主要提供专业技能的训练课程，十分注重课程的实用性。TAFE每年能够提供数以千计的职业和非职业课程，这些课程大多是根据社会经济和商业生活发展的需要而设计的，非常实用。TAFE的课程，不只是由教育决策单位设计，工商企业也参与设计课程，所以其课程可以给学生提供未来就业所学的知识与技能。同时，TAFE都采用小班制，学生可得到较多老师的帮助，而且学校的

技能培训教室

设施相当完善及现代化。TAFE的学制一般为一到两年，在教学上比较注重小组学习和讨论，教师大多为经验丰富的专业人士，平均每班15到30名学生，教学内容是实践工作和课堂教学相结合，也有些课程采取大学的授课方式。另外，绝大多数TAFE的课程可以让学生在毕业后继续攻读大学课程，学生在TAFE所念的学科甚至可以抵一年或一年以上的本科课程。澳大利亚TAFE的文凭得到各行业雇主及大学的广泛认可，如两个留学生，一个是大学本科毕业，另一个是TAFE学院毕业，面对同一个职位，老板选择的天平更倾向于后者，因为TAFE的毕业生所接受的是学以致用的职业教育，而本科学生的优势在于理论方面，要适应工作还需要一段时间的培训。如果学生工作了一段时间想继续深造，TAFE课程的优势会进一步体现，学生可以到就读的TAFE学院所对应的大学里，继续读完一年半到两年的课程，拿到本科学位。当然录取条件是必须拿到TAFE课程的高级文凭。在澳大利亚，所有的工作都要获得劳动技术证书，包括清洁工、售货员等。技术等级越高，工资越高。我们还参观了戏剧表演厅、音乐厅，孩子们正在排练戏剧，他们设备齐全，演唱专业，整个过程下来，感觉孩子们的学习状态很愉悦。

人性化的教师管理

澳大利亚对老师的管理也很人性化，产假有14周带薪休假，5年内可以停薪留职。周老师告诉我，她现在的工作量是0.6，因为没人带孩子，她要照顾家庭，所以只能选0.6的工作量，也就是一个星期上三天班，其余时间回家照顾孩子。工作量与薪酬相应。最高工作量是1，最低是0.2。副校长以上职务是不可以选工作量的。学校一般不考核老师，更多的是评估学生，如果你所任班级学科教学质量达不到州政府的要求，校长会约谈你，帮助你查找原因。如果所有办法都用尽，教师仍然不上进或教学质量仍然很差，那么该教师将会被州政府解雇。

学生的作息时间

阿德莱德中学的作息时间是这样的：一天七节课，每节课40分钟。上午5节课，8：40—10：05有两节正课，10：10—10：30学生上网查阅今天的作业和学校通知，10：35—11：15上课，11：15—11：35课间休息吃甜点，11：35—13：00两节正课，下午13：00—13：35午餐，13：40—15：10上课，15：10放学。放学后孩子们有很多休闲的时间，可以到校外参加感兴趣的体育或艺术活动。早餐、午餐，孩子只能从家里自带便当到学校就餐。这里一年学习时间为40周，分4个学期，上10周课放2周假，每两个学期之间的长假期有6～8周。澳大利亚每个州的学校放假时间没有统一规定，前后可能相差一两个星期。

2018 BELL TIMES

Bell Times	Monday - Friday	Wednesday		Bell Times	Assembly Days
Warning Bell	8.35 am	8.35 am		Warning Bell	8.35 am
Lesson 1	8.40 am - 9.20 am	8.40 am - 9.20 am		Lesson 1	8.40 am - 9.10 am
Lesson 2	9.20 am - 10.05 am	9.20 am - 10.00 am		Lesson 2	9.10 am - 9.40 am
Pastoral Care	10.10 am - 10.30 am	10.05 am - 10.35 am		Pastoral Care	9.40 am - 10.10 am
					Assembly Bell 10.00 am
Assembly				Assembly	10.10 am - 11.40 am
Lesson 3	10.35 am - 11.15 am	10.40 am - 11.20 am		Recess	11.40 am - 12.00 noon
Recess	11.15 am - 11.35 am	11.20 am - 11.40 am		Warning Bell	11.55 pm
Warning Bell	11.30 am	11.35 am		Lesson 3	12.00 noon - 12.30pm
				Lesson 4	12.30 pm - 1.00 pm
Lesson 4	11.35 am - 12.15 pm	11.40 am - 12.20 pm		Lesson 5	1.00 pm - 1.30 pm
Lesson 5	12.15 pm - 1.00 pm	12.20 pm - 1.05 pm		Lunch	1.30 pm - 2.10 pm
Lunch	1.00 pm - 1.40 pm	1.05 pm - 1.45 pm		Warning Bell	2.05 pm
Warning Bell	1.35 pm	1.40 pm		Lesson 6	2.10 pm - 2.40 pm
Lesson 6	1.40 pm - 2.25 pm	1.45 pm - 2.25 pm		Lesson 7	2.40 pm - 3.10 pm
Lesson 7	2.25 pm - 3.10 pm	2.25 pm - 3.10 pm		Dismissal	3.10 pm
Dismissal	3.10 pm	3.10 pm			
Senior School Dismissal	3.20 pm (Monday and Thursday only)				

The Assembly times above are used as a guide only and may be adjusted accordingly depending on the nature of the Assembly.

阿德莱德中学作息时间表

多元文化　快乐课堂

2018年11月26日　星期一　晴

澳大利亚是个移民国家，教育也特别注重多元文化的结合，以培养学生的国际视野。阿德莱德中学的特色是语言教学。今天我们听了3节语言课，分别是汉语、西班牙语、意大利语。语言课从八年级开始选修，每人选修1～2门，当然也可以根据自己的能力多选。每节语言课，班里都聚集了多个国家的孩子，包括意大利、印度尼西亚、法国、澳大利亚、印度、乌克兰、越南、塞尔维亚、伊朗、英国、俄罗斯、泰国、马来西亚等。一个班级里有黑皮肤、白皮肤、黄皮肤的孩子，有黑头发、黄头发、金头发的孩子。

我听的这节汉语课的内容是用"会""不会"说一句话。课堂上，老师先是组织学生进行口语练习：学生间相互问好。老师用到了小木棒点名的教学方法。接着是分组进行对话练习，老师要求一个学生最少提问十个同学：你会××吗？我会××。学生非常活跃，孩子们先是进行小组练习，然后跨组练习，最后全班围在一起练习。

汉语课

西班牙语课有三个环节。环节一：老师请两个同学到教室前设计问题提问同学。这两个同学设计的问题是：你能用西班牙语给图片做介绍并写出来吗？环节二：老师请两个小组进行PK。环节三：老师请一组同学设计一项活动，教大家学习西班牙语。这组同学设计了传球游戏，球传到谁谁就用西班牙语说一个动物的名称单词。学生设计的活动很新颖，他们的组织能力很强。每一个环节，学生都积极参与，课堂组织形式多样，学生非常活跃。下课铃响了，活动也结束了。

意大利语课的老师非常热情而且专业，她不但教给学生语言，还特别注重培养学生的学习兴趣。教室墙面上贴满了对意大利的介绍，如国旗、球星、球衣、美食、名言、意大利风景等，从各个角度、各个方面向学生传递意大利的信息，吸引学生的注意力、培养学生的学习兴趣。她以小组比赛的形式组织课堂，让学生在自己的电脑或平板电脑上操作翻译题，用意大利语进行日常对话，课堂氛围很轻松。

语言是沟通的工具，在宽松愉快的学习环境中让学生习得语言，保持对外语的学习热情极其重要。要学好外语并不容易，教师应创设情境让学生听、说、读、写，多讲多练。这三节课，让我感受最深的是教师是课堂的组织者，学生是课堂的主人，他们既是课堂的导演也是演员。孩子们能和不同国家、不同种族、不同语言、不同文化的人一起学习，大家互相包容、互相理解，在多元文化环境中成长，拥有世界和平与国际意识，拥有全球视野，何尝不是一件幸福的事？

整本书阅读

2018年11月27日　星期二　小雨

早上，下着毛毛细雨，匆匆在公寓吃过早餐，我便步行来到阿德莱德中学。今天可以听五节八、九年级的英语课。

在这五节课中，有四节课展示的是整本书的阅读。老师没有规定书目，学生阅读的书都是自选的。九年级那节课是学生展示阅读成果。学生向我们展示了他们的作品，我惊叹于他们的表现力、创造力。

（1）制作我的阅读书包。有个学生根据小说里的素材描述自己制作了一个书包，书包的封面图案是学生自己设计的小说作品的图案。书包里有以下作品：①杂志推荐，准备写文章发表的杂志介绍。②小卡片10张，内容是图文并茂的小说人物介绍。③手机壳设计图，设计图的素材是小说内容概况和配图。④手绘地图，地图画的是主人公到过的地方。⑤精美的书签，内容是简短而深刻的阅读感受。⑥道具，小说情节中的重要道具。可见这个学生熟悉文本，很有想象力和创造力。

（2）介绍小说内容、语言风格，用独特的语言风格进行写作，并编辑校对，发表在学校网站上。

（3）小说研究。老师给了一个研究模板，有基本信息、任务意图、学习目的、了解小说主题。学生根据老师的模板完成信息，并写一篇论文。

（4）给小说创编剧本，然后拍摄成电影。课上，学生正在分小组讨论剧本的创编，老师巡视指导。

目前，我国语文教学对整本书的阅读也日益重视起来，整本书阅读被纳入中考，但考查更多的还是对书中内容的理解。

交流

调动学生学习积极性的三个策略

2018年11月27日　星期二　阴

今天上午，年长的迪伦·威尔姆老师向我们介绍了她调动学生学习积极性的经验。她讲课很生动，有个案也有激励工具，方法简单实用。

点名小棒

这是一根类似于冰棍小木片做的小棒，上面写着学生的名字，小木棒集中放在一个瓶子里，老师再准备另一个空瓶子。上课时，老师提出一个问题，就抽出一条木棒，上面写着谁的名字就由谁来回答，回答后再从中抽一条木棒，由另外一个同学来评价。抽过的木棒就放在另一个空瓶子里，以免重复抽到。这样做有几个优点：①传统的举手只会让一些学生有较多的表现机会，一些不举手的学生会失去表现的机会，没听懂的学生也会错过举手的机会。用小木棒点名，全班同学都不会被落下。②调动全班同学的注意力，因为他们不知道自己什么时候会被抽中，所以上课不敢走神，都付出100%的专注力。

出境纸

这是一张小纸片，操作方式如下：

（1）在老师结束授课时把纸片发给学生。学生在纸上回答问题：这节课，老师传授给你的知识是什么？这节课你懂得了什么？这样做的目的是了解学生是否掌握教学内容，以便为下节课的教学设计做准备。下课时，老师站在教室门口，学生把纸条交给老师才可以离开教室。

（2）老师或学生在课堂上进行提问，学生可将自己的见解写在出境纸上。下节课，叫学生评价同学的见解。

（3）做学习任务单。老师抽签让两个同学互相评价对方的任务完成情况，学生不能在作业上更改，只能说有什么优点和不足，互相交流分享，从对方的任务表中学习。这样能督促学生更好地完成学习任务。

迷你白板

迷你白板用途很广泛：课堂上学生把想法写在白板上，互相交换学习。学生可以很快地删除错误的答案。老师可以很好地检查学生对知识的掌握情况。

什么时候用到小白板？

（1）复习环节，检查学生学习情况。

（2）快速小测验。

（3）做思维导图。

（4）写作文时，学生在小白板列出提纲。

（5）小组活动时把小组的想法写在小白板上。

（6）一个学生在迷你白板上写问题，另一个学生写答案。

（7）课堂上学生互相交流。

由于特殊教育学校也是小班额，以上三个教学小窍门尤其适合听障学生的课堂。迷你小白板的运用也体现了我们一直推行的说写结合的教学理念，让师生间、生生间达到更好的沟通效果。

头脑风暴

2018年11月28日　星期三　晴

今天一整天都在南澳州教育部听讲座。

上午第一节课，建校15年的澳大利亚数理中学的老师苏珊为我们介绍了以学生为导向的跨学科整合式教学模式。数理中学是为有天赋的学生而建设的学校，学生是通过选拔的对理科有学习热情的孩子，有10%国际学生，10%学习困难学生，25%心理问题学生。该校的教育理念是让学生保持强烈的好奇心，激发学生的热情和自信。课程设计重在培养学生的创造力和批判性思维能力，为学生适应未来核心技能提供展示的机会。苏珊老师从教学环境（开放式、灵活、合作）、教学课程（整合式教学、合作设计、全体）、教学方法（探究、合作）、教学组织（合作团队、领导支持）等方面进行阐述。

学习环境+创新学习设计+创新学习空间=创新学习环境。学生通过活动来学习，每个学期完成一个学习主题，该主题和生活紧密联系，包括生物的多样性、地球太空主题、物理化学生物、人体的认知和了解（性健康、营养、理疗、社交、情绪）、沟通领域（网络世界是交流系统的延伸）、能源领域、医疗工程领域等。所有科目都包含在这些领域里面。

学习设计原则：培养学生适应未来生活、工作、学习，能够用成长的心态和状态来解决问题和挑战，能够根据情况，以批判、深思熟虑、创造性和明智的方式选择、使用、综合和应用信息。学生能够在地方、国家和全球范围内以创新和道德的方式开展工作。跨学科背景下的研究，支持学生建立起联系，重视多样性以及多视觉。通过教育培养，学生知道如何管理自己的生理、心理和社会活动，并明确自己是学习的主人和驱动者。学生提出一种以学生为中心的学习策略，并能在不同的语境中迁移他们的学习。

这所学校的教学模式与我校启智部以生活为核心的整合式协同教学模式是一致的。整合式主题教学，注重集体备课，注重教师团队合作，注重新老师的培训，注重教学目标下的个性化学习。

问题一：主题整合式教学与其他教学方式比较有无明显优势？

答：成绩上没有特别明显的优势，但学生融入社会、沟通能力发展优势比较明显。学生的出勤率也高很多。

问题二：新老师要掌握这种方法是需要一个过程的，如何处理这个问题？

答：团队合作，新教师培训。

在第二节课上，格林纳格国际中学的助理校长娜塔莎给我们介绍了以下内容：个性化学习（家庭作业叫课外学习，名称不同，理念不同）、任务设计（师生共同设计，每一个学生都适用，并且都可以得到发展）、合作、实践反思（学生自我反思）。该学校把21世纪的学习融入所有的课堂。教师培训：1～3年是校园文化和学校背景培训，一年有3次跟新老师沟通的机会，师徒结对，观摩学习。

第三节课，昂立中学的校长布兰达哈里斯和助理校长给我们介绍了探究式教学。他说要培养一个具有探究精神的学生就要求教师本身就是探究者。探究式学习培养学生批判思维和问题解决能力。步骤如下：

（1）找出问题、难题、困难、担忧。

（2）提出问题。

（3）最初的研究。

（4）收集数据。

（5）分析数据。

（6）重新审视厘清研究问题。

（7）制定解决问题的策略。

（8）实施和评估策略。

（9）在此基础上重新制定教学策略。

这是一个漫长的过程，不要匆忙做完1～2步，一定要留够时间。教师在教学中要注意预设学生的生成问题，根据学生的生成去调整教学设计。学生对探究式教学热情参与，积极讨论，分享着自己的想法和看法。

第四节课，我们了解了南澳州儿童保护大纲。在南澳州，所有教师都要进行一天儿童保护知识的培训才能上岗。儿童保护大纲的包括：儿童虐待、教学如何实施、在教学活动中如何实施儿童保护、学校环境、与儿童监护人有效沟通。不同年龄段有不同的教程。这是一套非常实用和必要的课程。

两大主题：我们都有保护自己安全的权利；通过与信任的人交谈，可以帮助我们保护自己的安全。四个重点领域：①保护安全的权利；②人际关系；③识别并报告虐待行为；④保护策略。

各年龄阶段的学习内容，具体活动分别适合各个年龄和发展阶段

	儿童早期 （2～4周岁）	儿童早期 （5～7周岁）	小学阶段 （8～10周岁）	初中阶段 （11～14周岁）	高中阶段 （15～17周岁）
保护安全的权利	感受 安全与不安全 警报信号 紧急事件	感受 安全与不安全 警报信号 紧急事件 冒险行为	感受 安全与不安全 警报信号 紧急事件 冒险行为 诱骗	安全与不安全 警报信号 紧急事件 冒险行为 诱骗 心理压力与操纵	安全与不安全 警报信号 紧急事件 冒险行为 诱骗 心理压力与操纵 积极心理学

	儿童早期 （2~4周岁）	儿童早期 （5~7周岁）	小学阶段 （8~10周岁）	初中阶段 （11~14周岁）	高中阶段 （15~17周岁）
人际关系	需要的和想要的 身份与关系 信任与联系网	需要的和想要的 公平和不公平 儿童的权利 身份与关系 霸凌 势力 信任和联系网	权利与义务 身份与关系 性别成见 霸凌 网络霸凌 势力 伎俩与贿赂 信任与联系网	权利与义务 同意允许 健康与不健康 关系 性别成见 霸凌 网络霸凌 势力 信任与联系网	权利与义务 同意允许 健康与不健康 关系 性别成见 霸凌 网络霸凌 势力 性骚扰 信任与联系网
认识并报告虐待行为	身体部位的名称 公开的和私人的 安全与不安全 的触摸 识别虐待 安全的与不安 全的秘密 威胁	身体部位的名称 公开的和私人的 安全与不安全 的触摸 识别虐待 安全的与不安 全的秘密 威胁	身体部位的名称 公开的和私人的 安全与不安全 的触摸 欺凌与忽视 安全的与不安 全的秘密 网络安全 网上诱骗 家庭暴力	身体部位的名称 公开的和私人的 安全与不安全的 触摸 虐待与忽视 约会暴力 网络安全与欺 凌 色情短信 家庭暴力 旁观者干预	隐私 个人健康 虐待与忽视诱 骗 约会暴力 网络安全与欺 凌 色情短信 家庭暴力 旁观者干预
保护策略	解决问题的策略 自信 有韧性 坚持 审查联系网	解决问题的策略 自信 有韧性 坚持 审查联系网	解决问题的策略 自信 有韧性 坚持 审查联系网 社区联系网	解决问题的策略 有韧性 坚持 审查联系网 社区联系网	解决问题的策略 有韧性 坚持 审查联系网 社区联系网

澳大利亚听力障碍儿童的融合教育

2018年11月29日　星期四　晴

早些年与移民澳大利亚的广东潮州人王兆基先生交流，我就得知澳大利亚是一个没有启聪学校的国度。这次培训，我带着对澳大利亚听力障碍孩子教育的模糊认识，踏上了这方土地。

我猜想项目组可能是有意将我安排在阿德莱德中学，该校竟然是阿德莱德四所听力障碍学生教育中心之一，听障中心的主任Amy是听障人士，更巧的是我们组的翻译中国留学生小黄是一位听力检测师。这是多么完美的组合！

今天下午，Amy老师早早地来到教室。她是阿德莱德中学在编听力中心主任。在我国，极少数特殊教育学校也有听力障碍人士任教师，但都是编外人员。Amy双耳戴着助听器，听觉补偿很好，语言表达能力也相当不错，完全可以和健听人无障碍沟通。为保障每一个孩子接受公平的教育，南澳州把听障孩子安置在普通学校，没有一所专门的聋校。南澳州教育部没有制订专门的听力障碍学生学习大纲，听障学生的学习目标和普通学生完全一样。高考也没有独立的命题，大学院校没有针对听障学生的单考单招，参加高考的听障学生只是在英语考题上题型与普通学生有所不同——听力和口语不做考核。在这里，我们看到有听力障碍的孩子阳光、自信地与大家学在一起、玩在一起。融合教育给听障孩子带来更大的发展空间。澳大利亚的听障学生是怎样做到深度融合教育的呢？

1. 早发现、早治疗、早干预

在澳大利亚，95%的新生儿都做听力筛查，发现有听觉障碍就到医院做详细的检查，进一步诊断出导致听觉障碍的原因是属于器质性耳聋、传导性耳聋、神经性耳聋还是混合性耳聋等。听障婴儿3~6个月就配戴助听器，若双耳达90db以上或因戴助听器听觉补偿效果不好的孩子1岁就植入人工耳蜗，此后每年一次跟踪检查孩子的听力状况并做发展评估。助听器或人工耳蜗都是政府免费提供的。有了听觉补偿就可以进行听力训练，孩子1岁后进入专门的机构进行语言训练，大概一周一次，更多的听力语言训练则以家庭为中心进行。孩子6岁进入小学，此时听力言语康复已经达到比较理想的状态。

2. 环境支持

阿德莱德中学有20个听力障碍学生，听力损伤都为40db以上，有8个学生全聋，需要用手语沟通，12个学生需要手口结合沟通。这20个学生有做人工耳蜗的，有配戴助听器的，也有没做任何补偿的。

（1）语言环境支持。在南澳州，所有听力障碍教育中心学校都把澳大利亚手语作为学生选修的外语科目，学校为有手语兴趣的学生开设手语社团，让健全的孩子学习手语，以便更好地与听障学生沟通。学校所有的集会、演出、各种活动都有手语翻译。走在阿德莱德街头，我曾遇到过广场上的圣诞节点灯仪式，也曾看到过一些工人的罢工游行，这些活动都有一个手语翻译。

（2）震动、声、光环境支持。阿德莱德中学的听障学生戴有一个特殊功能的手表，上下课手表有灯光提示。课堂上，学生助听器都接上教室的声音传导系统。听障生学习的教室有隔音系统。

3. 个别化教育

（1）提前一节课讲授知识，让学生初步了解下节课的知识点。

在阿德莱德中学，20个听障学生都被安排到普通班级里，其学习内容和健听孩子的是一样的，只是8年级的学生在选修时，可以视能力不选外语。为了不让听障学生落下功课，老师往往提前一节课，以年级为单位帮学生预习下节课的知识。这样，学生对知识有了初步了解，上课就更容易接受了。

（2）课堂给听障学生配手语翻译老师。

听障学生的师生比不低于1∶4，阿德莱德有20个听障生，有8位双语支持教师。支持教师会一对一跟随听障生到语言、理科课堂，主要任务是做手语翻译，让师生无障碍沟通，让学生更好地接受知识。11月30日下午，我们进入10年级融合班，听了一节英语课，这节英语课的教学内容是完成练习题，听障学生的习题内容和健听生的习题内容完全一致。课上有3个听力障碍学生，两个需要配手语翻译，一个可以用口语交流。课上，手语辅助老师除了翻译主教老师的课堂语言和其他同学的回答，还要对学生做个别辅导，为听障学生搭建师生间、生生间的沟通桥梁。为了熟悉教学内容和课堂设计方案，达到更高效的教学，手语翻译老师和主教老师一起备课。

听障学生融合教育课堂（一排第二位和二排第一位是手语老师）

4. 大数据追踪学生发展情况

学校有一个学生数据统计网页，学生参加全国统考、州统考的成绩以及一年内学校所有功课的成绩都能看到。一天的课程、出勤、检测、作业情况，学生、家长、老师都能通过统计网查阅。成绩从低到高排列，低于全国平均水平就会用红色标注。对于成绩不及格的学生，老师要做综合研判，从大数据中找原因，然后制定出相应的对策，让每一个学生的发展都达到最大化。

当前，以普特融合为特征的随班就读成为我国特殊儿童安置的重要形式，2014年和2017年两期提升计划以及2017年修订的《残疾人教育条例》更将融合教育提至为残疾儿童的主要教育方式。在我国大班额集体授课制的教学模式下，该如何促进融合教育的可持续发展成了当前教育的一个重要命题。我想，我们必须从以下几个方面来推进：

第一，从师资培养着手，建立融合教育教师培养体系。所有教师职前要接受一定课时的特殊教育知识培训，高校应为普通师范生开设特殊教育课程，教师资格证考核应包含特殊教育相关知识。只有将特殊教育师资培养真正纳入我国教师教育体系，才能从根源上解决融合教育师资问题。

第二，融合教育的相关法律法规要更加完善、更加明细。当前，在我国大班额的现状下，我们无条件实施特殊儿童与普通儿童完全融合教育，我们要完善特殊儿童专业评估，明确界定残疾程度在哪个级别可以到普通学校随班就读，哪个级别应该到特殊教育学校入学。要实现特殊儿童入学"零拒绝"，杜绝普通学校对特殊儿童边缘化甚至拒绝入学的现象发生。

第三，加强融合教育的支持力度。各县级以上特殊教育学校应当成立当地特殊教育指导中心，各镇中心校成立特殊教育资源中心，各镇中小学成立一定数量的特殊教育支持中心。指导中心、资源中心应该为当地特殊教育提供专业的指导和支持。教育行政部门、人事部门、财政部门应当给三个中心以人力、财力、物力的支持。

第四，深化教学改革，灵活办学体制。特殊儿童融合教育学校可实行走班制，根据需要给特殊儿童配支援教师，而有特殊儿童的班级的教师要从课程安排、教学目标、教学实施、作业布置、学习评价等环节做出科学的设置，做到量体裁衣、因材施教。

疯狂星期五

2018年11月30日　星期五　晴

今天，我们结束在阿德莱德的学习，明天凌晨4：00将奔赴另一座城市——澳大利亚首都堪培拉。下午结束学习后，我们决定结伴坐电车去海边走走。

平日冷冷清清、颇感萧条的街道今夜突然热闹起来，莫非今天是什么特别的节日？10个年轻的帅哥美女一起骑着集体自行车，吹着口哨，呼喊着，嘻嘻哈哈地穿越大街。打鼓的、吹萨克斯的、弹电吉他的乐队在街头投入地演奏。酒吧内座无虚席，桌子摆到了大街上，人们三五成群地边聊天边喝着啤酒。商店、餐馆也延长营业时间，人头涌动，生意非常火爆。王振民博士告诉我们，澳大利亚实施周薪制，每周四发工资，周五到账，下班后人们就出来消费。澳大利亚人对待金钱的观念和中国人不同，他们没有储蓄的习惯，拿到工资就花天酒地。有人打趣道：澳大利亚人周五至周日过着老爷般的生活，周一至周四过着穷人般的生活。

不知不觉中，我们来到了公车站。站牌和站台上的无障碍标志吸引了我的目光。电车到站了，车门自动打开，不偏不倚正好对准无障碍标志处，上车的高度和站台的高度是水平的，车内也有无障碍标志。轮椅可以畅通无阻地进到车内，停在指定的地方。我明白了为什么在这片土地上肢体障碍朋友在无人帮助的情况下也可以出入自由。要让残疾人参与社会生活，提高残疾人的生活质量，无障碍设施是多么重要。我想到了阳光自信的只有半截身子的肯尼，脑海里也同时出现了因无人照顾被锁在家里，只能从窗外看别的小朋友游戏玩耍的明明，想到了盲道上堆放的杂物。但愿所有的残疾朋友都能平等、自由、快乐地生活在同一片蓝天下。

公车

电车到站了，美丽的海滩出现在我们的眼前。

美丽的海滩

堪培拉的眼泪

2018年12月2日　星期日　阴

今天凌晨3：20，我从床上弹起来，匆忙洗漱。一杯牛奶、一块面包算是早餐，吃过后我便乘巴士奔往阿德莱德机场，从悉尼转机到堪培拉。悉尼到堪培拉的飞机很小，飞得很低，颠簸得比较厉害。坐在飞机上，我提心吊胆，其他人亦然。

堪培拉又叫堪村，是澳大利亚的首都，可这座城市也非常低调，洋溢着田园气息，一点儿也没有首都的繁华景象，有人说这是一座无聊的城市。这里有36.8万人口，面积2395平方公里。从机场到酒店的路上，没什么行人，只见一大片一大片的绿草地和树林，牛羊偶尔低头吃草，偶尔仰望碧空。成群的袋鼠在草地上自由地跳跃，鸟雀在湖边栖息，忽又张开歌喉展翅高飞。这地方连公共汽车站也那么特别，是一个孤零零的黄色圆形的小屋子，公共汽车难得有人招手乘坐。风格各异的建筑物点缀着这座城市，有各国使馆、澳大利亚国会、学校。据说堪培拉的灯笼节、烟火节、郁金香花节、热气球节、多元文化节将会有万人涌动，是非常热闹的场面，但此行我们是无法感受到了。

公共汽车站

  我们居住在郊区一个花园式的酒店。我和晓春姐同房，房间里有一张1.8米的大床和1米左右的铁架床，就是读书时代的那种款式。酒店周围没有超市。白云、蓝天、绿草、灰墙是这里的主色调，这里异常空旷与宁静。堪培拉的时间比家里迟3个小时。

  夜晚，我躺在床上，软塌塌的床垫使我难于入睡，我打开读诗《即使见不到你，你总归会在某处》："即使见不到你，你总归会在某处……犹如水，犹如春天，你的眼睛，总在某处……"缭乱的心让人无法呼吸，我害怕这感觉。走出房门，走出酒店，一阵寒意袭来。没有月亮，天空散着几颗星星。没有人家，只有风吹异国旗杆的声音。酒店前台，拉闸了，不像国内，有服务生笑脸迎人。偶尔有汽车在公路上呼啸而过，打破夜的沉静。

  眼泪夺眶而出，刺痛了干涩的眼睛，仿佛呼吸骤然停止，陌生的堪培拉洒满了熟悉的抑郁。

遗憾的开班仪式

2018年12月3日　星期一　晴

今天，堪培拉阳光明媚。早上，我们参加了南澳州教育部举行的2018年中国广东教育培训团堪培拉开班仪式。仪式由澳大利亚知名华人青年指挥家、澳大利亚标准中文学校资深教师叶师龙先生主持。中国驻澳大利亚大使馆参赞缪长霞总领事讲话，澳大利亚首都地区教育部国际教育司司长Cathy Crook女士讲话，她介绍了堪培拉的国际教育简况，欢迎中国广东教育团的到来。澳大利亚首都华人地区联合会主席颜种旺先生讲话，他希望我们把澳大利亚好的教育经验带回中国。澳大利亚首都著名华人领袖黄树梁先生致辞，他表达了自己浓浓的国家情怀，介绍了澳大利亚标准中文学校的教育理念，指出教育的发展是人类永恒的话题。广东教育代表团团长桑志军教授介绍了"百千万人才培养工程名教师"培养项目，表达了我们对在堪培拉培训的期待。澳大利亚标准中文学校校长、澳大利亚中文教师联合会主席李复新博士作答谢发言。

我不明白，今天的开班仪式中只有Cathy Crook不是华人，为什么整个开班仪式所有发言人都用英文而没有用中文翻译。缪长霞参赞甚至没有用一句中文和大家打招呼。李博士也许讲得很精彩，可是只有极少数人鼓掌，可能因为大多数人听不懂吧。这是一个看似高规格，却很让人遗憾的开班仪式。

澳大利亚领导和教师行业标准

2018年12月3日　星期一　晴

开班仪式结束后，堪培拉一所知名中学的退休校长向我们介绍了澳大利亚学校领导和教师行业标准。

校长的专业标准包括五个重点工作领域：领导教学，发展自我和他人，引领改进、创新和变革，领导学校管理，与社区接触和合作。

领导力需求有三个重点领域：愿景和价值观；知识与理解；个人素质、社交能力和人际交往能力。

领导重点体现在以下四个方面：行动力，关系网，战略性，系统性。

领导文化：支持学习有效的专业文化知识；提出有助于学校教师专业学习的目标、明确的行动，为教师提供充分的支持；汲取年轻教师的创新教学方法，经验型教师和新教师互相学习；领导教师持续反思专业学习信息，成为专业人才；有效的领导干部培训策略评估。

教师行业标准有以下七点：了解学生及其学习方法，了解教学内容和教学方法，计划及推行有效的教育学，创造和维持支持性和安全的学习环境，评估、提供反馈并报告学生学习情况，从事专业学习，与同事、家长、看护人和社区进行专业接触。

澳大利亚首都直辖区的教师注册：澳大利亚首都直辖区的教师质素学院（TQI）是负责教师注册的独立法定机构。教师获得教师资格后，要开始担任教师的角色，教师注册是经过TQI批准的。教师注册的内容包括：澳大利亚工作资历卡、资格证明、在澳大利亚工作的资格鉴定100个点，申请人若在非英语国家就读，必须具备英语熟练程度的证明文件。TQI要求教师每年专业学习20小时。专业课学习的形式是官方学习和个人学习相结合。

澳大利亚国家公立学校改进工具（2012年开发，2013年使用）：

（1）明确的改进目标和具体方案。

（2）分析和讨论数据，如人才引进时需要分析专业、学校需求、人才市场现状。

（3）促进学习的文化。

（4）有针对性地合理利用学校资源。

（5）专业型的教学团队。

（6）有系统的课程。

（7）区分教与学，实施个别化计划。

（8）有效的教学方法。

（9）学校与家庭、社区的伙伴关系。

积极教育

2018年12月4日　星期二　晴

2009年1月，塞利格曼亲自对200名来自澳大利亚各地的公立中学教师进行旨在普及积极教育的培训。目前，澳大利亚58%的学校实施积极教育。

什么是积极教育呢？积极教育，就是以学生潜在外显的积极力量、积极品质为出发点，以增强学生的积极体验为主要途径，最终达到培养学生个体层面和集体层面的积极人格。积极教育并不是只纠正学生的错误和不足，更重要的是寻找并研究学生的各种积极力量，并在实践中对这些积极力量进行扩大和培养，包括积极目的、积极关系、积极情感、积极健康的身体、积极接触、积极成就这几大方面。积极教育是一个系统工程，包括家庭、学校、社区多样性、尊重个体差异。积极教育，师生间有共同语言、愿景和经验，有领导和全校支持，有明确的教育目标、教学和实践预期目标。实施积极教育的学校应建设负责任、安全、互相尊重的环境。

怎样实施积极教育？

（1）学校的愿景、办学目标、工作制度等是学校领导和教师共同讨论出来的，是期望得到的规定，需要经历6个月的讨论。

（2）把约定的各项规定做成宣传海报张贴在学校显眼处，让教师、学生都能看到。学生也可以自己设计海报展示自己。

（3）教师集体研究如何在教育教学中实施积极教育。特殊学校考虑到学生的认知能力，对积极教育更多的是通过图画、活动来体现，以让学生同样充满阳光，变得自信。

（4）通关型奖励机制。比如，学生表现好时可以奖励其和校长喝茶。

通过积极教育的实施，学生停学率下降，学生成绩有了提高，学生出勤率有了提高。学校氛围、社区氛围也更有利于学生学习。

教育孩子的前提是了解孩子，了解孩子的前提是尊重孩子。目前，我们现实生活中无论是学校教育还是家庭教育，所采取的教育态度、教育手段、教育方法，是否完全做到符合孩子身心特点，值得家长和教育工作者反思。

积极教育是最受孩子欢迎的教育。积极教育的态度就是让教育工作者看到：每个孩子都是精英。只有把孩子当作精英，你才会以精英的模式去培养和教育他们，而他们才能成为真正的精英。

堪培拉教育体制

2018年12月5日　　星期三　　晴

上午，堪培拉教育局的思丽丽给我们介绍了堪培拉的教育体制，让我们耳目一新。堪培拉是澳大利亚教育水平最高的政治和教育中心，教育宗旨是以人才立人才，把孩子教育成最成功的自己，学校教给学生的是能力，而不仅是知识。堪培拉有学生43516人，有6所早教学校，50所学前班至6年级的小学，7所学龄前至10年级的学校，10所7～10年级初中学校，1所7～12年级初高中联校，1所10～12年级初高中联校，8所11～12年级高中学校，1所语言学校，4所特殊教育学校。堪培拉实行留学生一站式管理，所有留学生护照、签证都由教育局的一个办公室管理。这个城市的教育的不可思议，表现在以下几个方面。

没有高考会考。堪培拉是全澳大利亚唯一的没有高考会考的城市，学校注重学生学习和社会能力的培养，大学人才的选拔均依据学生的平时成绩。在南澳州大学选拔中，高中会考成绩占30%，平时成绩占70%。

共享教师。堪培拉的教职员工由政府教育部直接聘任，学校只负责管理。老师是共享的，可以跨几所学校任课，实施五年一次轮换制。如果你不想有太大的工作量，也可以只在一所学校任教。

共享校长。堪培拉分4个教学片区，共有4位校长，各校长负责所在片区的学校管理工作。这样，校长就可以自由调配教师及教育资源。

高中自主选课。堪培拉与其他州一样，高中学生需要选修5门课。但是其他州由于会考原因，5门选修课需要在规定的7门课程中选取，而堪培拉的高中却有50多门课程供学生选择。英语是唯一必修课，海外学生的必修课是ESL（英语后的第二外语）。堪培拉的高中为学生提供了极为丰富的课程选择，这是其他城市高中所无法比拟的。这样，学生完全可以选择自己擅长的或者感兴趣的学科进行学习。兴趣是最好的老师，所以堪培拉的高中的教学质量很高。

ATAR（高中积分）成绩换算。堪培拉ATAR成绩都是在11和12年级的学习中选出最好的5门功课的成绩换算出来。5门课中成绩最差的一门功课不计分，另4门课程计分。另4门功课计两年8个学期小分数，这8个学期中，成绩最差的一个学期不计分，计7个学期的分数，分数排列最低的课程只占60%的分数。

独特的培养目标。堪培拉公立中小学培养学生创意思维能力、解决问题能力、高维思考能力、未来领导能力、信息科技能力、未来受雇能力。学习的目的是为了将来的工作。比如，对于数学，重要的是考查学生的推理和思维过程，而不是为了最终答案。在信息技术方面，学生五年级时要会电脑盲打。

毕业时同时获取IB文凭ACT Year 12 Certificate（堪培拉12年级证书），有IB 成绩和ATAR成绩。堪培拉有两所学校开设IB课程。IB即国际文凭组织IBO（International Baccalaureate Organization），为全球学生开设从幼儿园到大学预科的课程，为3~19岁的学生提供智力、情感、个人发展、社会技能等方面的教育，使其获得学习、工作以及生存于世的各项能力。IBO成立于1968年，迄今为止遍布138个国家，与2815个学校合作，学生数量超过77万，与A-level、VCE等课程并称全球四大高中课程体系。IB课程被全球教育界认可为具有较高学业水准的教育项目，被更广泛的大、中学所接受，在全球范围内迅速发展、壮大，成为国际学生考取国外大学的最理想选择。已有一千多所大学认可其国际文凭，其成员校遍布十几个国家。根据2013年6月16日IB日内瓦总部的最新资料显示，全世界已有1425所IB学校分布在115个国家，同步教授IB课程，有成千上万的该证书取得者进入了世界上几百所大学。在堪培拉学习IB课程没有额外学费，学生毕业的同时获取IB文凭ACT Year 12 Certificate，有IB成绩和ATAR成绩。

澳洲的教育体制

莫森小学所得

2018年12月7日　星期五　晴

　　莫森小学是一所中英文双语学校。走进教学楼，大堂摆放着许多具有中国特色的纪念品，墙上分别用中英文标注欢迎词：欢迎来到莫森小学（Welcome To Mawson Primary School）。和所有澳大利亚的学校一样，在莫森小学的教室里，孩子们来自各个国家，但是每个孩子都会用中文跟我们打招呼。校长让我们用中文跟孩子们对话，一是考查孩子们的中文学习情况，二是给孩子们提供一个交流的机会。

　　宽松的学习环境。25人一个班，教室里有各种凳子、沙发、地毯、高低不同的桌子，甚至有帐篷。这一切都是为了满足学生不同的环境需求。墙上、桌边有许多视觉提示和学生作品。课堂上，孩子们没有固定的座位，有坐在凳子上的，有坐在地毯上的，有趴在地板上的，如果你喜欢安静地看书，也可以在帐篷里。我们来到环境保护区，一位年轻女教师带着学生在种植园里种各种各样的植物，学生们有的在浇水、有的将植物移到小花瓶里，有的在打理自己的作品。他们一个个学生在太阳底下晒得小脸通红，有的像个小泥人似的，满手的泥土，脚上还沾了不少泥巴，可爱极了。在植

环境保护区

物园的边上，还有一个笼子，里面不断地传来"咯咯咯"的叫声，原来这里还养着鸡，孩子们似乎很喜欢这位朋友，因为他们经常给鸡喂食，观察它们有没有长大。回归自然的教育是多么令人感动。在操场上，我看到了"跳格子"。哈哈哈哈，这是我们小时候最常玩的游戏，可是在家里的学校我从没看见过。我想，这创意一定是来自中国。

游戏化的学习方式。为了增强学习活动的趣味性，教师在课堂上采用了游戏化和活动化的方式进行教学，很好地实现了我们推崇了很多年的"寓教于乐"。在一堂绘画课上，教师向我们讲述了用六个月时间完成一幅油画的三个阶段：先是训练学生摄影，将要绘画的人物拍摄下来；接着，用绘图编辑软件对人物电子照片进行处理，将人物图像以数学几何点阵的方式分解；最后，教给学生基本的绘画技能，让学生在带有几何点阵的画纸上描绘出人物图线，再一点点上色成像。这种横跨信息技术、美术、摄影等若干学科的绘画方式很受学生欢迎，因为这简直就是游戏。学生在教师布置的任务之外，还主动增加了作业训练，以尽快提升自己的综合能力。在另一节手工课上，教师向我们展示了学生刚刚利用三个星期完成的彩灯作品。只见每件作品上都标有价钱，原来教师在布置作业时就和学生明言："这次手工作业将用于社区圣诞节义卖活动。"在现实意义的激励之下，学生饶有兴致地制作灯座、挑选开关、组装电

路、绘制商标……整个教学活动有序而有趣，让学生乐此不疲。

走班制。莫森学校的教室很大，两个教室之间是可以连通的。这样的设置是方便学生开展走班学习。比如，一年级和二年级教室连通，一年级数学学得好的学生可以到二年级上课，二年级学生语言学习达不到应有的水平也会流动到一年级上课，艺术课程也许会让两个年级一起上。

个别化教学。在莫森校园走了一圈，我发现三个课堂有一对一或一对三的教学模式。这些老师是堪培拉教育局聘任的特殊教育资源教师，专门为有特殊需求的学生做教学支持。资源教师根据学生的需求每星期到学校对个别学生进行一天或两天的辅导。

两个年级连通的教室

个别化教学